GIACOMO BRUNO

SMETTERE DI FUMARE

Il Metodo Definitivo per Smettere di Fumare e Ritrovare la Libertà

Titolo

"SMETTERE DI FUMARE"

Autore

Giacomo Bruno

Editore

Bruno Editore

Sito internet

http://www.brunoeditore.it

Tutti i diritti sono riservati a norma di legge. Nessuna parte di questo libro può essere riprodotta con alcun mezzo senza l'autorizzazione scritta dell'Autore e dell'Editore. È espressamente vietato trasmettere ad altri il presente libro, né in formato cartaceo né elettronico, né per denaro né a titolo gratuito. Le strategie riportate in questo libro sono frutto di anni di studi e specializzazioni, quindi non è garantito il raggiungimento dei medesimi risultati di crescita personale o professionale. Il lettore si assume piena responsabilità delle proprie scelte, consapevole dei rischi connessi a qualsiasi forma di esercizio. Il libro ha esclusivamente scopo formativo.

Sommario

Introduzione   pag. 5
Giorno 1: Smettere di Fumare   pag. 7
Giorno 2: Il Metodo "No Fumo"   pag. 25
Giorno 3: Allineamento Personale   pag. 38
Giorno 4: Esercizi di Allineamento   pag. 65
Giorno 5: Convinzioni Potenzianti   pag. 90
Giorno 6: Abitudini Vincenti   pag. 120
Giorno 7: Tecniche Pratiche   pag. 145
Conclusione   pag. 159

Introduzione

Il *metodo "No Fumo"* ti aiuterà a dire addio al vizio del fumo grazie a 3 specifiche strategie per smettere di fumare ovvero l'**allineamento**, le **convinzioni** e le **abitudini**. Utilizzeremo una tecnologia mentale denominata Programmazione Neuro-Linguistica (PNL).

La PNL, negli ultimi 30 anni, ha estratto e modellato le strategie delle persone di maggior successo in tutti i campi ed anche di coloro che sono riusciti a smettere di fumare da soli. Lo ha fatto per carpire le tecniche e le strategie più efficaci per abbandonare la dipendenza dal tabacco in maniera rapida, veloce e duratura e ritrovare la propria libertà.

Possiamo farlo attraverso il processo di allineamento, che ci aiuta ad andare profondamente dentro di noi e lavorare sulle nostre capacità. Molte strategie, infatti, falliscono perché si fermano ai comportamenti, non essendo in realtà supportate da una reale convinzione. Viceversa, impegnandoti con costanza e grazie all'aiuto del *metodo "No Fumo"*, riuscirai a smettere di fumare in maniera veloce e duratura.

Ma non ci fermeremo qui, andremo ancor più in profondità e toccheremo le nostre convinzioni che, spesso, sono condizionate da chi ci circonda e dalla cultura che ci è stata trasmessa; tutti limiti che ci impediscono di smettere. Capiremo perché è difficile dire addio al fumo e come farlo in maniera facile, veloce e definitiva grazie al *metodo "No Fumo"*.

Buona lettura!
Giacomo Bruno

GIORNO 1: SMETTERE DI FUMARE

Vedremo ora alcune tecniche che ti aiuteranno a smettere di fumare in maniera facile, veloce e definitiva. Capiremo perché molte persone che tentano di farlo e che inizialmente riescono anche a mantenere il punto, dopo qualche giorno o settimana riprendono con ancor maggiore accanimento.

A questi meccanismi risponde, con le strategie che ho codificato nel *metodo "No Fumo"*, la PNL, la scienza dell'eccellenza umana e di ciò che funziona per definizione. Richard Bandler e John Grinder, i due fondatori, la crearono quasi per caso negli anni '70, semplicemente modellando persone di successo, grandi terapeuti, comunicatori e leader. In tal modo sono riusciti ad estrarre tecniche e strategie, utili per se stessi e da trasmettere agli altri, per riuscire al meglio.

Se qualcosa funziona, occorre cercare di capire il perché ed il come, estrarre dei modelli, impararli, provarli su se stessi, cercare di ottenere dei risultati ed, infine, trasmetterli agli altri. Ad esempio, per facilitarti, potresti chiedere aiuto al tuo amico o al collega di lavoro che ha già smesso senza aver più desiderio di toccare una sigaretta.

SEGRETO n. 1: Facilita il tuo NO al fumo modellando un tuo collega di lavoro o un tuo amico che ha già smesso di fumare.

Sarebbe il modo migliore perché, fra l'altro, si tratta di una persona che frequenta il tuo stesso ambiente ed ha, quindi, problematiche simili alle tue. Vivete i medesimi momenti di stress e tensione e sarebbe, quindi, assai interessante capire come riesce, senza bisogno del fumo, a gestire le difficoltà quotidiane, ed imitarlo. Imparare da lui, nel tuo contesto quotidiano, è probabile che funzioni assai meglio che non partecipare ad un corso su come smettere di fumare.

Ad ogni modo, oggi vedremo delle tecniche funzionanti e assai pratiche proprie del *metodo "No Fumo"* per smettere di fumare e far smettere gli altri. Vedrai che già a fine lettura ti sarai convinto che è opportuno smettere di fumare per ritrovare la libertà perduta. Avrai tecniche che potrai applicare tranquillamente, senza avere grandi basi di PNL: non è necessario. Potrai sperimentarle e procedere da solo, vedrai, non è affatto complicato.

Ma c'è di più, le tecniche del *metodo "No Fumo"*, che oggi apprenderai, sono applicabili per liberarti da qualsiasi vizio o abitudine che vuoi eliminare perché la consideri errata, non solo il fumo. L'uso del *metodo*, unito al tuo impegno, ti permetterà di ritrovare la libertà perduta, di sentirti maggiormente congruente e a posto con te stesso, quindi, di vivere più serenamente.

Ad esempio, io propongo alcuni di questi esercizi durante i miei corsi di leadership allo scopo di migliorare la capacità di gestirsi dei miei allievi. Grazie a questi strumenti si riesce a trovare quella coerenza di obiettivi che aiuta a sentirsi meglio ed a comportarsi in maniera congruente rispetto ai propri valori ed alle proprie convinzioni.

So che molte persone si chiedono se sia mai possibile riuscire, in una sola giornata, a smettere per sempre. Io rispondo che, pur non essendo semplicissimo, seguendo con impegno il *metodo "No Fumo"* si può fare.

Richard Bandler, fondatore della PNL nonché creatore della tecnica per curare le fobie in cinque minuti ci dice che: "Il cambiamento avviene velocemente o non avviene affatto". Le fobie possono essere curate poiché ogni fobia non è altro che una neuro-associazione e, come tale, può essere modificata.

Può succedere, magari da bambini, di essere morsi da un cane e, nei pochi secondi in cui questo avviene, di sviluppare avversione e paura nei confronti dei cani. Da quel momento in poi, si avrà paura ogni volta che si vedrà un cane, perché, ogni volta, il cervello ci ricorderà l'incidente avuto da bambini.

Secondo Bandler, infatti, così come una fobia nasce

velocemente in seguito all'innescarsi di un dato meccanismo psichico, attivando il meccanismo inverso, la stessa fobia può scomparire altrettanto velocemente.

Sono tanti i motivi per cui puoi aver iniziato a fumare. Da ragazzo, ad esempio, di solito si fa per sentirsi più grande e in questo c'è una coerenza di fondo perché si è assai allineati alle proprie convinzioni ed alla propria identità. Un adolescente ha l'obiettivo di sentirsi più grande e sa che, nel gruppo cui aspira entrare per sentirsi tale, tutti fumano, che fa? Ovviamente inizia a fumare, il ragionamento fila, ti pare?

Quel ragazzo crescerà e, arrivato a 25-30 anni, non avrà più bisogno di sentirsi "grande", purtroppo, però, ormai avrà preso il vizio del fumo che non lo abbandonerà, anzi, lo imprigionerà sempre più, facendolo star male per tutta la vita. Pur non essendoci più le motivazioni iniziali e, quindi, potendo smettere, non lo fa perché ormai ha acquisito l'abitudine, o, meglio, il vizio del fumo.

Per lo stesso principio, chi intraprende un lavoro e, per ottenere il massimo dei risultati, decide di restare in ufficio per 12 ore al giorno ottiene sì, la libertà economica, ma perde la libertà personale e la serenità, perché si fa terra bruciata intorno! Va avanti a lavorare come un matto dalla mattina alla sera per tutta la vita, arriva ad 80 anni e cosa ha ottenuto? Sì, magari ha una grande azienda con molti dipendenti ma non ha costruito nulla a livello affettivo.

Come vedi, può esserci incongruenza tra le motivazioni iniziali che ti hanno spinto ad iniziare a fumare ed il tuo percorso attuale. Io, ad esempio, ho un amico avvocato, molto bravo ed appassionato al suo lavoro. Talmente bravo che, in poco tempo, si è ingrandito moltissimo e da che lavorava solo, ha messo su un grande studio con molti collaboratori. A quel punto, mentre prima era sempre in udienza a contatto con la gente, poi era sempre in ufficio e, in udienza, mandava i suoi collaboratori.

Potrebbe sembrare un grosso passo avanti, non per lui però, che si era molto intristito a far quel tipo di vita e si è rivolto a me sperando che potessi aiutarlo a superare il senso di insoddisfazione che provava. Gli ho consigliato di tornare a seguire qualche pratica di persona, magari le più importanti, perché ciò che lo rendeva felice era, in realtà, il contatto con i suoi clienti e l'aiuto dato al prossimo.

Come vedi, era arrivato ad un dato risultato spinto dalla passione per la sua professione (motivazione iniziale), poi, però, si era trovato assai stretto ed infelice nel ruolo di chi è tutto il giorno in ufficio a metter firme (situazione attuale), ed ha avuto bisogno di tornare in prima linea per sentirsi allineato con se stesso.

SEGRETO n. 2: Ora non hai più le motivazioni che avevi quando hai iniziato, quindi non ha più senso fumare: è ora di dire NO al fumo!

Sì, è un po' come la storia di quel messicano che viveva, placido e felice, in un'isola del Pacifico. La sua vita scorreva tranquilla: la mattina si alzava con calma, faceva colazione e poi andava un po' a pescare, quel tanto che poteva bastare per sfamare se stesso e la propria famiglia. Tornava a casa, giocava con i figli, la sera usciva un po' con gli amici e, infine, andava a dormire felice e contento della sua giornata.

Un bel giorno arriva un americano, vestito in giacca e cravatta, a bordo di un grosso motoscafo. Non appena messo piede a terra si guarda intorno e pensa che l'isola è davvero bellissima ed ha voglia di conoscere la gente del luogo. Vede il messicano pescare ed esclama: "Che bel pesce, dev'essere davvero buono!", poi, incuriosito, chiede: "Quando tempo hai impiegato per pescarlo?" "Beh, più o meno un'ora, credo" "Se ti fermassi un'oretta in più potresti pescare più pesce, con una parte sfameresti la tua famiglia ed il resto potresti venderlo al mercato e guadagnare un po' di soldi, ti pare?". Il messicano replica: "A me non serve, ciò che pesco basta per sfamare me e la mia famiglia", e l'americano: "Sì, ma se vendessi una parte del pesce al mercato, potresti guadagnare dei soldi da investire nell'acquisto di un bel peschereccio" "Ah, e a cosa mi servirebbe un peschereccio?" "Potresti andare in mare e prendere una grande quantità di pesce, rivenderlo al mercato e guadagnare davvero moltissimi soldi. Tra qualche anno, con un po' di fortuna, potresti avere una intera flotta di pescherecci con la quale esporteresti il pesce in tutte le isole limitrofe guadagnando moltissimo!" "Ah, davvero? E che me ne farei di tanti soldi?" "Beh, da qui a vent'anni potresti aver messo su un impero del pesce, esporteresti non solo nelle isole, ma anche sulla terraferma, guadagnando milioni e milioni di dollari" "Sì? E poi?" "E poi tra 40 anni andrai in pensione, potrai alzarti la mattina con calma, fare colazione e andare un po' a pescare. Tornare a casa dalla tua famiglia e vivere sereno finché non andrai a letto contento della tua giornata...". A ben vedere al messicano non serviva tutto questo cammino perché possedeva già tutto ciò che gli era necessario per essere felice, la possibilità di vivere, anche con scarsi mezzi finanziari, una vita tranquilla e serena.

Se abbiamo chiari i nostri valori, sappiamo chi siamo e conosciamo le nostre convinzioni, possiamo evitare di faticare inutilmente nel tentativo di ottenere ciò che già abbiamo. La confusione è data dalla mancanza di chiarezza interiore e da una visione un po' distorta del futuro comune a molti.

La PNL ci dice che aver chiari i propri valori, le proprie convinzioni e l'indirizzo della propria vita ci può anche aiutare a smettere di fumare e ritrovare la nostra libertà; il *metodo "No Fumo"* può esserti assai utile per raggiungere questo risultato.

SEGRETO n. 3: Se hai chiari i tuoi valori, conosci te stesso e le tue convinzioni, puoi evitare di faticare inutilmente cercando di ottenere ciò che già hai.

Ho letto molti libri sullo smettere di fumare, uno dei più famosi è quello di Allen Carr, intitolato "E' facile smettere di fumare se sai come farlo". Si tratta di un testo assai interessante che consiglio ai fumatori perché è davvero efficace. L'autore afferma di essere in grado di convincerti a smettere di fumare entro il tempo che impiegherai a leggerlo.

Allen Carr è poi anche l'inventore del metodo per smettere di fumare denominato "Easyway", ovvero "modo semplice", che si basa essenzialmente sull'esistenza di due figure, ovvero due "mostri", come dice lui stesso. Il primo vive all'altezza dei nostri polmoni ed è il piccolo mostro della dipendenza dal fumo, il secondo, assai più inquietante, è il grande mostro delle convinzioni.

La nicotina è una droga a tutti gli effetti e basta assumerne una dose anche piccolissima, come quella contenuta in una sigaretta, per creare tossicodipendenza. Dato che il nostro piccolo mostro interiore ogni tanto ha bisogno di essere sfamato, non appena svanisce l'effetto della nicotina presente nel nostro corpo, abbiamo bisogno di introdurne di nuova con un'altra sigaretta.

Ecco perché, come dice Carr, non serve ridurre. Se tu fumi tre pacchetti al giorno e decidi di ridurre e fumare solo dieci sigarette al giorno, la dipendenza rimane comunque poiché la nicotina è sempre in circolo nel tuo organismo.

Certo, i polmoni ne risentono di meno – meglio dieci che sessanta! – però non risolvi il problema. Anche perché, se fumi sessanta sigarette al giorno, alla fine non ne senti neanche più il gusto, al contrario, se ne fumi dieci, queste divengono desiderabilissime. In questo caso risulta ancor più forte ciò che in PNL definiamo **ancoraggio**, ovvero l'associazione tra stimolo, sigaretta e piacere di fumarla.

Forse sai che, nel nostro cervello, si stabiliscono legami tra diversi neuroni ogni volta che mettiamo in atto un nuovo comportamento. Più volte ripetiamo il medesimo comportamento, più intenso è il legame tra di essi e più difficile, conseguentemente, diviene da spezzare.

SEGRETO n. 4: La nicotina è una droga a tutti gli effetti, ne basta una dose anche piccolissima, come quella contenuta in una sigaretta, per creare tossicodipendenza.

Per cui ogni volta che porti alle labbra una sigaretta, appaghi il bisogno del piccolo mostro che, dal tuo interno, te la richiede.

Ecco perché, se lavori solo a livello dei tuoi comportamenti, pur smettendo per un certo lasso di tempo, prima o poi ti concederai lo strappo di un'altra sigaretta cui se seguiranno mille altre e tornerai ad essere intrappolato nel vizio.

Stesso discorso vale per i surrogati della sigaretta, dice Carr, come i cerotti o le gomme da masticare alla nicotina. Sì, possono servire per spezzare momentaneamente l'abitudine, ma poi? La nicotina resta in circolo, sfami il piccolo mostro nei tuoi polmoni e mantieni la dipendenza.

Ovviamente, il tipo di dipendenza che suscita la nicotina non è deleterio come quello dell'eroina. Pur provocando crisi di astinenza, esse non sono vistose e distruttive come quelle che producono le droghe pesanti. Tuttavia è ugualmente fortissima la resistenza a smettere per chi fuma. Io, ad esempio, ho un'amica che non verrebbe mai ai miei corsi per smettere di fumare tanto è viziata, perché ha troppa *paura di smettere*.

Vedremo poi quali sono le motivazioni per cui non si vuol

neanche sentir parlare di smettere. Tempo fa, durante un corso sul relax e gli stati di rilassamento, ho chiesto ad uno dei miei allievi, che sapevo essere fumatore, di rendersi disponibile per una dimostrazione. Gli ho detto che avremmo applicato gli stati di relax e le suggestioni avendo come obiettivo lo smettere di fumare. Inizialmente ha fatto una faccia spaventatissima! Io l'ho tranquillizzato garantendogli che gli avrei solo fornito suggestioni affinché potesse smettere di fumare, lasciandogli comunque la scelta se farlo o meno. Così ho fatto, affinché fosse libero di optare per la via più giusta da seguire, prendendosi la responsabilità delle proprie azioni.

SEGRETO n. 5: Con il *metodo "No Fumo"* scegli la via più giusta da seguire prendendoti la responsabilità delle tue azioni.

Sei sarai trainer di PNL o nel coaching in generale, lavorando con un'altra persona, ricordati di trasmettere l'idea che la responsabilità di ciò che accadrà in seguito è condivisa tra te e lei. Se alleni una squadra di calcio puoi dare tutto te stesso ai tuoi ragazzi, insegnar loro le migliori strategie, aiutarli a mettere a frutto le tecniche più efficaci, ma se la squadra non ti segue, non c'è niente da fare, il risultato non si ottiene e i goal non si segnano. Per lo stesso principio, se fai coaching a qualcuno che vuol smettere di fumare, hai bisogno della sua totale collaborazione, altrimenti non otterrai nulla.

Devi sapere che ad Anthony Robbins, grandissimo formatore motivazionale e coach, nonché diffusore della PNL nel mondo, accadde di sentirsi accusare da un suo allievo di non averlo "programmato" a dovere. L'allievo, in sostanza, aveva preso alla lettera la denominazione "Programmazione Neuro Linguistica", pensando che con il termine "programmazione" si intendesse un vero e proprio reset del cervello dell'allievo, così come si fa con un computer. Si aspettava che, una volta programmato, non avrebbe più fallito ed, essendo fumatore, non sarebbe più caduto nel vizio. Era invece accaduto che, dopo aver smesso per un paio d'anni, in seguito ad un lutto e varie altre traversie personali, aveva ripreso più di prima ed attribuiva al suo coach la responsabilità per non averlo programmato per bene. Per evitare ulteriori fraintendimenti, Robbins cambiò il nome della PNL in Condizionamento Neuro-Associativo.

Motivò la sua scelta asserendo che il termine "Programmazione Neuro Linguistica" non fosse molto azzeccato perché faceva pensare che un coach avesse la capacità di "programmare" letteralmente il cervello di una persona, mentre non è assolutamente così. Era invece, a suo parere, molto più consono parlare di "Condizionamento neuro-associativo", in quanto un buon coach ha il compito di creare nuove associazioni, collegando dolore e non piacere all'atto del fumare. Starà poi all'allievo continuare a condizionarsi nel tempo tenendo vive le nuove associazioni così create. Sarà sua responsabilità continuare a lavorare su di sé. Se si lavora bene sull'allineamento e sul condizionamento, si ritrova la libertà dal vizio ed il risultato ottenuto si mantiene per tutta la vita.

SEGRETO n. 6: Il *metodo "No Fumo"* **ti aiuta a condizionarti positivamente ed a liberarti dal vizio, starà a te lavorare su te stesso per mantenere il risultato per tutta**

la vita.

Per lo stesso principio i miei allievi non possono pensare che io possa fare miracoli né che possa seguirli in maniera continuativa per tutta la vita bacchettandoli ogni qual volta sbagliano e premiandoli ogni qual volta fanno bene. Sta a loro, come ora sta a te, prendere la vera decisione e darsi la giusta motivazione usando le strategie del *metodo "No Fumo"* apprese per essere **non fumatori** da ora al resto della propria vita.

RIEPILOGO DEL GIORNO 1:

- SEGRETO n. 1: Facilita il tuo NO al fumo, aiutati imitando un tuo collega di lavoro o un tuo amico che ha già smesso di fumare.
- SEGRETO n. 2: Ora non hai più le motivazioni che avevi quando hai iniziato, quindi non ha più senso fumare: è ora di dire NO al fumo!
- SEGRETO n. 3: Se hai chiari i tuoi valori, conosci te stesso e le tue convinzioni, puoi evitare di faticare inutilmente cercando di ottenere ciò che già hai.
- SEGRETO n. 4: La nicotina è una droga a tutti gli effetti, ne basta una dose anche piccolissima, come quella contenuta in una sigaretta, per creare tossicodipendenza.
- SEGRETO n. 5: Con il *metodo "No Fumo"*, scegli la via più giusta da seguire prendendoti la responsabilità delle tue azioni.
- SEGRETO n. 6: Il *metodo "No Fumo"* ti aiuta a condizionarti positivamente ed a liberarti dal vizio, starà a te lavorare su te stesso per mantenere il risultato per tutta la vita.

GIORNO 2: IL METODO "NO FUMO"

Le strategie del *metodo "No Fumo"* per smettere di fumare sono tre:

1. **Allineamento**
2. **Convinzioni**
3. **Abitudini**

Grazie all'*allineamento* imparerai ad essere congruente e così come lo sei stato da ragazzo nell'iniziare a fumare, lo sarai da adulto nello smettere e non riprendere mai più ritrovando la tua libertà.

In questo processo, sono implicati altri due fattori, ovvero le convinzioni e le abitudini. Le *convinzioni* sono le cose che ritieni essere vere e giuste e che, per questo, continui a fare, mentre le *abitudini* consistono in attività da te ripetute e che, se malsane, vanno spezzate e sostituite con altre nuove e diverse.

In realtà, i tre pilastri dell'allineamento, delle convinzioni e delle abitudini si integrano tra di loro. Infatti, all'interno del processo di allineamento, incontriamo le convinzioni e le abitudini. Nell'ottica del *metodo "No Fumo"*, allinearsi significa essere coerenti su tutti i livelli, voler smettere di fumare prima di tutto a livello di identità e, di conseguenza, di comportamenti.

Se ci pensi, infatti, la maggior parte delle persone fallisce il proprio scopo di dire NO al fumo proprio perché lavora unicamente a livello di comportamenti. Forse sarà capitato anche a te di buttare il pacchetto di sigarette che avevi in tasca per costringerti a smettere di fumare e, magari, poco dopo, affrettarti a ricomprarlo alla prima tabaccheria incontrata!

E' successo perché ti sei fermato al livello più esterno, ovvero quello dei comportamenti. Se davvero vuoi cambiare rotta e scegliere di non essere più schiavo del fumo, devi lavorare principalmente a livello della tua identità. Ti accorgerai che i comportamenti muteranno di conseguenza.

SEGRETO n. 7 : Le strategie del *metodo "No Fumo"* per smettere di fumare sono tre: allineamento, convinzioni e abitudini.

Ricordi quando, poco fa, ti parlavo dei due mostri teorizzati da Allen Carr? Il primo, dicevamo, è il piccolo mostro della dipendenza dalla nicotina. Si situa all'altezza dei polmoni e lo sfamiamo con sigarette e prodotti contenenti nicotina. Il secondo è molto più grande ed è costituito dalle nostre convinzioni, derivanti da esperienze proprie o di altri o trasmesseci dalla cultura.

La somma delle tue convinzioni, comunque le abbia acquisite, è il freno più saldo al desiderio di smettere perché è ormai talmente forte l'abitudine a fumare che la sola idea di non farlo può incutere un senso di paura. Il fumatore, più o meno accanito, prova un senso di sgomento all'idea di non poter fumare, pare quasi gli venga a mancare il terreno sotto i piedi!

Questa sgradevole sensazione gli deriva da un senso di perdita, di vuoto, di mancanza di appigli nelle situazioni cui, giornalmente, era abituato a far fronte sorreggendosi ad una sigaretta.

Ben poco vale, agli occhi del fumatore, tutto ciò che di positivo gli deriverebbe dallo smettere. Pensa solo alla vita sociale: quanto può essere sgradevole e fino a che punto può inibirti avere l'alito pesante mentre ti trovi a parlare con la ragazza o il ragazzo che ti piace? Per non parlare delle dita che, inevitabilmente virano al giallo canarino o la costante puzza di nicotina attaccata ai propri vestiti! Potrei andare avanti per ore.

E non dimentichiamo il lato finanziario! Non è vero, forse, che a tutti noi farebbe piacere trovarsi dei soldi in più al mese per comprarci, magari, quell'accessorio, quel vestito, quell'orologio che tanto ci piace ma che non arriviamo mai a comprare perché la spesa per le sigarette ci svena?

Anthony Robbins ritiene che sia l'alternanza fra le due leve motivazionali, **piacere** e **dolore,** a spingerci a fare o non fare qualcosa. Prendere la sigaretta e fumare ci assicura piacere, quindi siamo tentati a farlo, smettere di fumare ci arreca dolore e sofferenza, quindi tendiamo ad evitarlo.

Per scardinare un'abitudine malsana e sostituirla con una nuova e proficua, Robbins associa molto dolore alla vecchia abitudine che, in partenza, assicurava piacere e, viceversa, molto piacere alla nuova abitudine che, inizialmente procura sofferenza. In questo modo si utilizzano entrambe le leve e si riesce a cambiare in tempi brevi e a lungo termine.

SEGRETO n. 8: L'alternanza fra le due leve motivazionali piacere e dolore, aiuta a spezzare in tempi brevi e a lungo termine un'abitudine limitante.

Durante i suoi corsi, ad ognuno dei quali partecipano anche diecimila persone, Robbins si prende un'ora intera per sottolineare quanti danni una vecchia abitudine limitante possa aver prodotto in passato e quanti ne possa produrre tuttora. Ad esempio, se un suo allievo dice di soffrire a causa della timidezza, lo fa pensare a quante volte, nel corso della sua vita, questo atteggiamento lo ha pregiudicato, quando dolore gli ha arrecato, quante relazioni ha perso. Quindi quanto gli è costato essere timido per tutta la sua vita, fin da quando era bambino, poi adolescente ed ora, adulto. Come ti dicevo, va avanti così per un'ora intera, senza fermarsi, finché non piange l'intera sala, sembra un inferno!

Infine chiede al suo allievo di pensare a quanto male ancora potrà fargli la sua attuale convinzione di essere timido se decide di conservarla per i prossimi dieci o vent'anni. Magari vedrà il proprio matrimonio fallire, i propri figli comportarsi da timidi e rovinarsi la vita proprio come è accaduto a lui, la timidezza si propagherà nelle generazioni e...chissà quanti disastri ancora!

Robbins associa talmente tanto dolore alla vecchia convinzione da indurre i suoi allievi a scacciarla definitivamente. Allo stesso tempo, però, li fa riflettere su quanto sarà per loro positivo adottare la nuova convinzione, ovvero essere sicuri di se stessi.

A questo punto ragiona al contrario rispetto a prima e li fa riflettere su come sarebbe stata bella la loro vita se fossero stati sicuri di se stessi fin da bambini, quante occasioni in più avrebbero colto, in quante situazioni sarebbero risultati vincenti. Li fa poi pensare a quanto bene potrebbe portar loro la nuova convinzione nel futuro, anche tra dieci o vent'anni: un matrimonio solido, figli anch'essi sicuri di sé che riescono a crearsi, a loro volta, situazioni di felicità e serenità.

In due ore di lavoro i cambiamenti si vedono eccome! Starà poi agli allievi farli permanere nel tempo continuando a condizionarsi.

SEGRETO n. 9: Per scardinare un'abitudine malsana e sostituirla con una sana, associa dolore alla prima e piacere alla seconda.

La storia della timidezza ha condizionato anche me negli anni dell'infanzia. Infatti, a causa della mia riservatezza, in famiglia erano convinti che fossi timido. Purtroppo a quell'età non avevo gli strumenti adatti per filtrare quelle affermazioni attraverso il mio raziocinio e metterle in discussione, quindi ritenevo la mia timidezza una verità indiscutibile.

Ovviamente la successiva esperienza di vita mi ha dimostrato l'esatto contrario, aiutandomi a scardinare questa convinzione insensata e limitante. Ma quante occasioni in più avrei potuto cogliere non avendola sin dall'inizio?

Con un bambino, infatti, occorre essere attentissimi! E' sufficiente che un adulto gli incolli un'etichetta di qualsiasi genere perché non se ne liberi che in età adulta. Ma non è affatto automatico! Accadrà solo se avrà la volontà e la capacità di impegnarsi a scardinarla, altrimenti gli resterà a vita, privandolo di esperienze bellissime e gratificanti.

Se per ora stai continuando a fumare è perché ti condizioni negativamente dicendo a te stesso che, se smetti, avrai paura di non riuscire più ad affrontare le sfide della vita ed a gestire lo stress. Quindi che fai? Ti fumi una bella sigaretta inalando a fondo il veleno e ti rilassi, cambiando fisiologia.

Non potresti rilassarti ugualmente respirando a fondo ed inalando ossigeno anziché veleno? Ti fermi un attimo, prendi i cinque minuti di cui hai bisogno per distenderti e, mentre lo fai, cambia anche la tua fisiologia. Rallenti il ritmo della tua giornata, fai venti bei respiri di aria pura ed il tuo stato cambia in meglio, anche perché stai ossigenando il tuo cervello.

SEGRETO n. 10: Impara a rilassarti senza il fumo, fai venti bei respiri inalando ossigeno anziché veleno.

Ci sono mille tecniche con cui rilassarsi grazie alla PNL, ecco perché non bisogna trascurare i motivi per cui si fuma; al contrario, è consigliabile continuare a fumare finché se ne sente il bisogno e non si è convinti di poter fare tutto anche senza l'ausilio del fumo.

Perché, con l'aiuto del *metodo "No Fumo"*, puoi certo aiutarti a smettere, fornendoti alcune suggestioni, ma se non sei convinto cosa succederà? Che, non riuscendo a trovare un equilibrio, cercherai un nuovo canale per rilassarti e ti butterai sul cibo iniziando a guadagnare chili in più. Sì, perché tutti gli appuntamenti giornalieri con la sigaretta, verranno sostituiti con spuntini, normalmente malsani, come merendine, dolcetti, panini e sfizi vari.

Finché, stufo di ingozzarti, tornerai invariabilmente alla sigaretta. Ed è anche giusto, perché ingrassare ti fa perdere punti in autostima e sicurezza oltre che rovinarti la salute, per cui è sempre una pessima scelta. Inoltre fa venir meno il controllo sul tuo corpo e, a questo prezzo, io penso sia meglio che continui a fumare.

Quindi il consiglio che mi sento di darti è di seguitare a fumare fino a quando avrai finito di legger la guida. A quel punto sarai assolutamente convinto di voler smettere e di poter soddisfare in maniera alternativa i bisogni oggi appagati dal fumo, riprendendoti la tua libertà dal vizio.

SEGRETO n. 11: Fuma fino a che non senti di poter far tutto senza l'ausilio del fumo o, comunque, finché ne senti il bisogno.

Probabilmente hai già provato a smettere di fumare e, per un certo periodo, ci sei riuscito, ciò vuol dire che sai già come si smette. Se sei ricaduto nel vizio può esser successo per distrazione, per un momento di debolezza o per fronteggiare una situazione particolarmente stressante.

Può capitare, è capitato e capita a tutti, non fare che sia per te un muro insormontabile. L'aver avuto un momento di incertezza è del tutto umano e non vuol dire assolutamente che non ce la farai mai, tutt'altro. Vedilo come uno step del tuo cammino e va avanti nella tua determinazione di dire NO al fumo senza timore.

Ognuno di noi ha un bagaglio di esperienze soggettive, e,

facendo leva su di esse, dovrà trovare il miglior modo per smettere. Per quanto è in me, ti sosterrò con le strategie efficaci e funzionanti del *metodo "No Fumo"*, iniziando dall'allineamento.

RIEPILOGO DEL GIORNO 2:

- SEGRETO n. 7: Le strategie del *metodo "No Fumo"* per smettere di fumare sono tre: allineamento, convinzioni e abitudini.
- SEGRETO n. 8: L'alternanza fra le due leve motivazionali piacere e dolore, aiuta a spezzare in tempi brevi e a lungo termine un'abitudine limitante.
- SEGRETO n. 9: Per scardinare un'abitudine malsana e sostituirla con una sana, associa dolore alla prima e piacere alla seconda.
- SEGRETO n. 10: Impara a rilassarti senza il fumo, fai venti bei respiri inalando ossigeno anziché veleno.
- SEGRETO n. 11: Fuma fino a che non senti di poter far tutto senza l'ausilio del fumo o, comunque, finché ne senti il bisogno.

GIORNO 3: ALLINEAMENTO PERSONALE

L'allineamento è il primo pilastro per smettere di fumare. Per raggiungere il tuo intento, ovvero dire NO al fumo e ritrovare la tua libertà, devi essere allineato, congruente, convinto e motivato. Accade, però, che vi siano persone che non solo si rifiutano di prendere la decisione di rinunciare al fumo, ma decidono che vogliono continuare a fumare. Io credo nella libertà dell'individuo e, se farai il coach, ti invito a non insistere nel cercare di convincerle.

Il fatto è che ci sono tanti paletti che frenano a smettere, vengono definiti **vantaggi secondari** e forse ne avrai già sentito parlare. Si tratta delle tante motivazioni che sabotano la tua volontà di smettere di fumare. Sì, certo, vorresti smettere, sentirti più in salute, risparmiarti i cinque euro al giorno di sigarette che versi allo Stato, ma poi non trovi la forza di farlo.

A quest'ultimo proposito, se fai un rapido calcolo, ti rendi conto di spendere, in sigarette, in media 2.000 euro all'anno. Non ti pare un esborso eccessivo? Tuttavia ti posso assicurare che non ho mai trovato un fumatore che abbia smesso di fumare per questo motivo. Perché, a ben vedere, i soldi non sono niente se confrontati alla possibilità di ottenere relax e di tenere lontane certe paure che derivano dalle convinzioni che ci ha trasmesso la nostra cultura.

Puoi avere degli ottimi motivi per smettere di fumare, primo fra tutti mantenerti in buona salute. Il problema è che finché ti senti giovane e forte, la possibilità di ammalarti in modo anche grave pare non riguardarti. Pensi che forse, tra trenta o quarant'anni, potrai avere delle conseguenze dal fumo di oggi, forse avrai difficoltà a respirare e, magari, ti accorcerai la vita. Ma oggi tutto questo ti sembra estremamente lontano, tanto da non avvertirne la preoccupazione.

Al contrario, senti assai prossima la necessità di rilassarti, visto che, magari, tra pochi minuti, dovrai sostenere una prova importante e sei molto teso. Quindi hai assoluta necessità di una bella sigaretta che ti aiuti a distenderti i nervi e, così come oggi, sarà anche domani e dopodomani.

Immagino, poi, che tu abbia una fifa matta di smettere di fumare, ma perché? E' semplice, è stata la cultura a trasmetterti le convinzioni che ti condizionano in questo modo. Pensaci, vedi un film in cui c'è un condannato a morte, qual è il suo ultimo desiderio? La sigaretta! Cosa fanno due persone dopo aver fatto l'amore? Si fumano la sigaretta!

Sembra una propaganda a beneficio del fumo! La pubblicità, in particolare, tende a creare un contesto di benessere, luce e felicità e poi che fa? Vi associa, di volta in volta, questo o quel marchio. Pensa alla reclame della Barilla, sulla base di una musica soave ed immagini bellissime, evidenzia il proprio marchio; è chiaro che poi, aggirandoti fra gli scaffali del supermercato, non appena vedi i prodotti Barilla ti viene in mente la medesima musica ed immagini e…zac! Prendi il pacco di pasta o merendine sentendoti invadere da una sensazione di benessere e non sapendo il perché.

Con il fumo succede la medesima cosa: vedi i due a letto, scenario stile Basic Instinct, stato d'animo piacevole ed ecco che appare la sigaretta. Se poi, magari, sei un appassionato di Formula uno, cosa vedi stampato in lungo e in largo sulle fiammanti auto da corsa? Ovviamente pubblicità di sigarette! Per fortuna in altri contesti questo genere di reclame è stato vietato! Anche al cinema quelli più forti, i duri della situazione, fumano. Guarda Heat - La Sfida, con Al Pacino, sono tutti lì che fumano. La cultura dei nostri tempi fornisce dati modelli e, giustamente, i ragazzi che con essi crescono, non possono far altro che seguirli iniziando anch'essi a fumare. Lo fanno perché pensano che se al cinema i veri duri fumano, tutti gli amici fumano, molti adulti fumano, vale la pena far parte del gruppo ed iniziare a fumare.

Quindi, per quanto i tuoi valori siano buoni, per quanto il tuo obiettivo, la tua missione sia quella di smettere, ci sono, alla fine, pochi pro e troppi contro e non ci può essere congruenza.

Nella bilancia della decisione le motivazioni culturali pesano molto di più della tua determinazione nel dire NO al fumo.

SEGRETO n. 12: Ciò che ti impedisce di dire NO al fumo sono i vantaggi secondari, ovvero le motivazioni che sabotano la tua volontà di smettere.

Quindi devi procedere all'allineamento, il procedimento che si usa nei corsi di leadership e che, per la prima volta, viene usato anche in un ebook sullo "Smettere di fumare". La PNL ha un modo un po' diverso di vedere le cose e questo è un modo molto interessante per dimostrarlo.

Lo schema dei **livelli logici** è stato creato da Robert Dilts, figura di spicco della Programmazione Neuro-Linguistica con cui mi sono formato personalmente. Fu lui stesso a spiegarmi il modello ed io lo subissai di domande. Infatti, avendo un grande genio a disposizione, cercai di modellarlo il più possibile per capire come fosse arrivato ad enucleare i vari livelli ed il perché del loro funzionamento.

Si tratta di un metodo utile per analizzare non solo le persone ma anche le aziende. Il modello comprende sei step successivi, denominati, appunto, livelli logici. Si parte dal più basso e meno significativo, l'ambiente, per arrivare al più alto e importante, la missione.

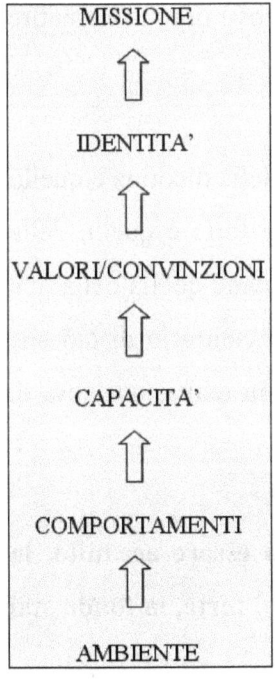

Partiamo dal più basso, ovvero l'**ambiente**. Ci sarà un luogo in cui ti trovi a fumare più spesso, in cui il vizio ti prende di più, che sia a casa o al lavoro. Un ambiente o una serie di ambienti che ti invogliano maggiormente a fumare, dove ti trovi a fumare con maggior piacere.

Allen Carr afferma che, in realtà, per quanto possiamo fumare, la nostra dipendenza da nicotina non è poi così forte, basti pensare che stiamo comunque un'intera notte senza toccare le sigarette, virtualmente liberi dal fumo!

Ho un'amica che desidererebbe moltissimo andare in America, tuttavia è disincentivata a partire e sai perché? Perché non può pensare di passare nove ore, ovvero tutta la durata del volo, senza poter fumare. Le sembra impossibile riuscire a farlo, eppure, a ben vedere, la notte dorme per nove ore senza sentire il bisogno di accendersi una sigaretta.

Ciò vuol dire che tra i due mostri, quello della nicotina e quello della cultura, sicuramente il più grande è forte è quello della cultura. Ti spinge a fare scelte drastiche, come quella della mia amica, e ti limita in moltissime cose. Al contrario di ciò che pensano molti fumatori, la dipendenza è, in realtà, qualcosa di perfettamente gestibile.

SEGRETO n. 13: Per quanto tu possa essere accanito, la tua dipendenza da nicotina non è poi così forte, in fondo stai una intera notte senza fumare!

Spesso addirittura l'ambiente che frequentiamo è determinato dal fatto di fumare o meno. Io e mia moglie abbiamo un'amica fumatrice ed è un problema andare a cena fuori con lei, soprattutto d'inverno. Se siamo in sala fumatori dobbiamo sorbirci tutto il fumo passivo degli altri, se siamo in sala non fumatori non riusciamo a finire un discorso senza che lei debba alzarsi per correre a fumare. Altrimenti, già dai primi giorni di primavera, ci costringe a mangiare all'aperto e a congelarci nonostante le giacche, perché lei non può comunque stare senza accendere una sigaretta per più di mezz'ora.

Con ciò voglio dirti che, spesso, le conseguenze della tua scelta di fumare ricadono anche sulle altre persone. Se costringi gli amici non fumatori a cambiamenti che li fanno stare a disagio, tendono ad allontanarti. Non parliamo poi di chi, avendo figli, ha la responsabilità della loro salute che, fumando, mette a repentaglio.

SEGRETO n. 14: Fumando metti a disagio i tuoi amici non fumatori e a repentaglio la salute tua e dei tuoi cari.

Quindi, ricapitolando, l'ambiente è il primo dei livelli del modello di Dilts, il più basso ed esterno, si tratta del luogo dove viviamo o lavoriamo e, quindi, dove fumiamo.

Passiamo ora ai **comportamenti** e chiediamoci cosa stiamo facendo. Qual è la situazione che ci stressa, che ci rende tesi, la routine che ci dà ansia e ci spaventa? Alcune cose che facciamo, magari date abitudini sbagliate, ci creano stress e ci portano a fumare. Le puoi studiare dal punto di vista dei comportamenti.

Andando avanti nel modello troviamo gli altri livelli, ovvero le **capacità**, le **convinzioni e valori**, l'**identità**, la **missione**. I comportamenti sono qualcosa su cui si lavora in prima battuta, infatti la persona che decide di smettere di fumare, magari senza una preparazione, che fa? Pensa di far sparire dalla sua vista le sigarette, ritenendo che, non avendole più a portata di mano, non avrà più il desiderio di fumare. Purtroppo non si rende conto che, lavorando semplicemente a livello di comportamenti, la sua intenzione non potrà durare più di tanto, al massimo una settimana.

Perché, lavorando ad un livello tanto basso come quello del comportamento, continuerà a sentirsi un fumatore e, non volendo, in realtà, smettere, violenta le proprie convinzioni e la propria identità. E' convinto che il fumo lo possa aiutare a gestire paure e stress offrendogli il rilassamento che desidera. Lavorare sui comportamenti, quindi, vale poco e dura altrettanto.

Lo stesso destino tocca a chi si mette a dieta pensando di riuscire nel suo intento facendo sparire i dolci dalla propria vista ma continuando a sentirsi un ottimo e soddisfatto mangiatore. Anche in questo caso la determinazione durerà, al massimo, una settimana dopodiché ricomincerà a mangiare alla grande recuperando tutto il peso perso ed anche qualcosa di più.

Una mia amica, che è un po' in soprappeso, ha deciso di mettersi a dieta e, per farlo, ha deciso di ridurre drasticamente le quantità di pasta che si serve ogni giorno. Tuttavia, restando convinta che il mangiare a sazietà è un valore maggiore del vedersi sana ed in forma, sta forzando la sua identità e, per questo, la sua fermezza durerà ben poco, con conseguenze disastrose.

Può certo esser cosa ben fatta affidarsi ad un buon dietologo e seguire una dieta calibrata per il proprio fisico. Ma, anche qui, prima di tutto si deve essere seriamente motivati, altrimenti si è destinati al fallimento. Magari ci si dice che bisogna mangiare bistecca ed insalata quando si avrebbe una voglia matta di andare in rosticceria a gustarsi una bella pizza fumante!

Se forzi i tuoi comportamenti mettendoti a dieta mentre a livello di convinzioni e valori sei certo di volere la pizza che ti piace da morire; se sei persuaso del fatto che il tuo benessere dipenda dal mangiare dolci dal mattino a sera e che la cioccolata ti possa aiutare ad affrontare i momenti di solitudine, quanto tempo potrai resistere? Ben poco, perché non sei convinto di ciò che fai e stai andando contro il tuo nucleo, i tuoi valori importanti e le tue convinzioni, livelli molto più alti rispetto al comportamento. Importi dei comportamenti di cui non sei convinto ti porta, nella maggior parte dei casi, a fallire. La possibilità di riuscire dipende anche molto dalle tue capacità e, ovviamente, dalle tue strategie. Sì, puoi buttare le sigarette ma puoi anche fare qualcosa in più, come, ad esempio, seguire un corso di formazione per smettere di fumare. Imparerai nuove **capacità**, abilità e strategie che ti permetteranno di mantenere il punto un po' più a lungo. Tuttavia un corso che insegna solo una serie di strategie e non anche a gestire le proprie convinzioni ed atteggiamento mentale per arrivare al risultato, non vale molto. Per smettere di fumare le strategie non bastano, perché rappresentano un livello ancora troppo esterno.

I tre livelli di cui abbiamo parlato sinora, ambiente, comportamenti, capacità, sono certo troppo bassi e non sufficienti per arrivare ad un risultato soddisfacente. Per farcela devi lavorare a livello di missione, di identità e di convinzioni/valori, ed è ciò che faremo con il supporto del *metodo "No Fumo"*. Solo alla fine parleremo di comportamenti giusti per spezzare l'abitudine, prima occorre allineare questi livelli. Devi, cioè, decidere che il tuo obiettivo, la tua missione è smettere di fumare: sei un non fumatore e sei convinto che il fumo faccia male, quindi, se vedi le sigarette, avverti un senso di repulsione.

SEGRETO n. 15: Va bene lavorare sui tre livelli più bassi, ma prima di tutto devi modificare l'identità, altrimenti continuerai a sentirti fumatore.

Sai di avere tutte le strategie giuste e le capacità per sentirti rilassato come e quando vuoi, per gestire lo stress e le situazioni tese sentendoti libero di non ricorrere al fumo. A questo punto prendi le sigarette, le butti (comportamenti) e non ne tocchi più una (capacità). Se ci sono persone che ti tentano (ambiente) le allontani e scegli di non frequentarle più. Non hai paura di questo perché coloro che ti tentano non ti vogliono bene.

Devi allineare tutti i livelli ed essere coerente con la tua intenzione di dire definitivamente NO al fumo. Anche perché non sei nato fumatore, al contrario tu, fin dall'inizio, sei stato un *non fumatore*. Devi solo pensare che sei un non fumatore che per alcuni anni della sua vita ha fumato e che ora torna ad essere un non fumatore.

E' molto importante distinguere tra i due livelli dei comportamenti e dell'identità. Il fatto che tu abbia fumato, fosse anche per quindici, venti o trent'anni, non è, in realtà, che un'abitudine, un comportamento. Ma di fondo, a livello di identità, sei un non fumatore. Sei nato non fumatore e, quindi, è importante che tu mantenga l'identità di persona che tiene alla propria salute, libera dall'oppressione del fumo. Io non credo che tu abbia voglia di morire prima del tempo, forse sei convinto che, in realtà, non si muoia per via del fumo o che, seppure, avverrà tra moltissimi anni e, quindi, per ora, non ti interessa.

SEGRETO n. 16: Sei nato non fumatore, quindi è importante che tu mantenga l'identità di persona che tiene alla propria salute.

Le motivazioni classiche sono note. Dovresti smettere di fumare per mantenerti in buona salute, per risparmiare denaro che potresti utilizzare in altro modo, perché il cancro ti spaventa, perché hai la tosse tutti i giorni e non riesci a fare cento metri di strada senza iniziare ad ansimare. Tuttavia, se queste ragioni, pur ottime, fossero state sufficienti, avresti già smesso autonomamente senza aver bisogno di acquistare la guida.

La PNL fa un passo avanti. Non lavora solo sui comportamenti o sull'ambiente, ma anche sulle capacità e sui livelli più alti, ovvero convinzioni, valori, identità e missione. E' qui che sta la differenza, ciò che ti farà smettere di fumare da oggi e per sempre. Alcuni miei allievi, durante i miei corsi, mi chiedono se esistono delle tecniche, delle strategie per cambiare la propria identità. Io dico che esistono, come tutto in PNL esiste. Al tempo stesso, però, se non conosci queste tecniche e, ciononostante, non vuoi seguire corsi o leggere libri, puoi aiutarti osservando un amico che è riuscito a cambiare la sua identità e chiedergli cosa ha fatto per avere successo in questa impresa.

Quello che voglio cercare di trasmetterti, tra le altre cose, è l'autonomia, nel tuo percorso, da questa guida. Devi imparare a guardarti intorno e cercare risorse in tutti coloro che ti circondano. Puoi estrarre strategie da tutte le persone brave nel fare qualcosa, puoi modellarle, capire come sono riuscite a dire il loro NO al fumo ed imitarle. Vedrai che, se ti comporterai nel medesimo modo, otterrai il medesimo risultato, perché questo è il principio di base del modellamento.

Questo è esattamente ciò che hanno fatto Grinder e Bandler negli ultimi trent'anni, ovvero studiare le persone eccellenti in ogni campo, imitarle perfettamente ed ottenere gli stessi loro risultati.

SEGRETO n. 17: Se conosci una persona che ha cambiato una sua convinzione per acquisirne una migliore, modellala e cerca di ottenere il medesimo suo risultato.

Forse non ci hai mai pensato, ma anche tu hai cambiato identità tante volte nella tua vita, anche se, magari, non per quanto riguarda il fumo. Inizialmente eri un bambino, poi sei diventato un ragazzo, poi un adulto e ogni volta sei cambiato. Io dico sempre che il miglior modo per trattare un ragazzino un po' discolo e convincerlo ad adottare un comportamento più obbediente e disciplinato è iniziare a chiamarlo non "bambino" ma "ragazzo". Sentendosi attribuire un'identità da adulto, infatti, si sentirà di distinguersi dai "bambini" e capirà che, ormai grande, non può più permettersi di adottare comportamenti capricciosi e scomposti.

In questo modo, lavorando sulla sua identità, otterrai, come conseguenza, un evidente cambiamento nei suoi comportamenti. Al contrario, la maggior parte dei genitori si limita a lavorare sui comportamenti sgridando per un dato atteggiamento piuttosto che per un altro. Spesso, per dispetto, il bambino farà esattamente il contrario di ciò che gli viene chiesto. Lo farà per polarità, ovvero per contrasto con i genitori. Lavorare sull'identità in modo positivo è l'unica strada per ottenere cambiamenti in meglio definitivi.

C'è anche chi dice al bambino che ha fatto una marachella: "Sei uno stupido". E' assolutamente sbagliato perché, in questo modo, va a toccare l'identità del bambino, cosa che potrebbe generare danni anche gravi nel futuro. Molto meglio, invece, spiegare che ha avuto un *comportamento* stupido ma che, in realtà, è un bravo bambino. Un bambino che cresce con una bassa autostima si sentirà davvero uno stupido e si comporterà da tale arrecando danni a se stesso ed agli altri. Quindi attento a punire i bambini, molto meglio lodarli e premiarli nelle occasioni in cui si comportano bene.

Lo stesso, in realtà, vale per gli adulti. Se hai dei collaboratori, dei dipendenti, lodali e lavoreranno molto più volentieri per te. Per lo stesso principio, loda te stesso ogni volta che decidi di fare un cambiamento, gratificati se, con il supporto del *metodo "No Fumo"*, smetterai di fumare.

Oggi stesso, dopo avere lavorato sulla tua identità, sulle

strategie e sulle convinzioni, prendi l'ultimo pacchetto e buttalo dopodiché vai a festeggiare la riconquista della tua libertà.

Associa piacere all'aver cambiato abitudine e dolore alla vecchia abitudine che vuoi abbandonare. Sapevi di star male, di tossire, di avere i denti e le mani gialle, di star danneggiando i tuoi polmoni e minando la tua salute. Prendi quei cinque euro che risparmi ogni giorno, mettili in un salvadanaio e poi, quando ne avrai accumulati un bel po', vai a comprare un bell'abito, un paio di scarpe, un gioco, qualcosa che ti piaccia e che desideri particolarmente. L'importante è che ti gratifichi, associa massimo piacere all'aver cambiato abitudine.

SEGRETO n. 18: Lavora sulla tua identità in modo positivo e gratificati per i successi ottenuti, è l'unica strada per ottenere cambiamenti in meglio definitivi.

Questo è il metodo di Robbins che parla, a proposito dell'alternanza tra piacere e dolore, della volta in cui lavorò con una persona che aveva intenzione di smettere di fumare.

L'uomo disse a Robbins: "Io fumo due pacchetti al giorno e voglio assolutamente smettere", Robbins replicò: "Va bene, ci vediamo domattina alle 10 nella stanza 305 dell'hotel Excelsior. Alle dieci puntuale eh? Smetterai di fumare, garantito". Si videro il giorno dopo, il tizio arrivò puntuale alle 10 nella stanza, e Robbins gli disse: "Siediti un attimo, io arrivo subito". Tornò con una stecca di sigarette e, rivolgendosi all'uomo, disse: "Queste sono le tue sigarette preferite, vero?" "Sì, sono queste", Robbins iniziò ad aprirle, ne prese dieci in mano e gliele porse dicendo: "Fumale tutte insieme" e l'uomo: "Sì, d'accordo, io fumo tanto ma non ne posso fumare dieci tutte insieme!" "No, no, adesso te le fumi tutte!", gliele mise tutte in bocca e le accese.

L'uomo iniziò a tossire, poi a stare visibilmente molto male e implorò: "No, no, basta, fammi uscire, qui non si respira!", perché, tra l'altro, la camera in cui si trovavano era particolarmente angusta. L'uomo sarebbe voluto uscire, ma Robbins gli impedì di farlo. Sai, non è uno che puoi prendere e mettere da parte, perché è alto due metri e pesa 120 chili!

Venne costretto da Robbins a ultimare l'intera stecca di sigarette nel giro di un'ora, tanto che non ne volle più sapere di fumare. Tossì talmente tanto, associò così tanto dolore e disgusto all'idea di essere un fumatore, da dire: "Ti prego, fammi smettere!", al che Robbins esclamò: "Va bene, se ci tieni così tanto, smetti!". Questo è il metodo di Robbins per cui se associ dolore al fumare, certo non fumerai più.

Cos'ha fatto Robbins? Ha sì lavorato sui comportamenti del suo cliente, nel senso che l'ha costretto a fumare moltissime sigarette, però, di fatto, ne ha cambiato le convinzioni. Ha associato il disgusto più assoluto ed una terribile sensazione di soffocamento alla sua idea di fumare e l'ha suggestionato dicendogli che avrebbe provato le stesse sensazioni ogni volta che avesse fumato nel futuro.

Potrebbe anche essere un'idea, prova, dopo pranzo, a fumare 50 sigarette…ti andrà tutto di traverso!

SEGRETO n. 19: Bastano poche suggestioni ben impostate

perché un ancoraggio rimanga per tutta la vita.

Passiamo a parlare dei valori, ovvero ciò che è importante per ognuno di noi. Evidentemente, nella scala di valori di un fumatore, la salute non conta così tanto come l'essere sicuro di sé o l'essere rilassato perché, altrimenti, avrebbe da subito detto il suo NO al fumo.

Convinzioni e valori si situano sullo stesso livello in quanto entrambi sono motivazioni e rispondono alla domanda "perché?" Quindi se fai una cosa perché convinto che sia giusta o perché farla corrisponde ad un tuo valore, si tratta comunque di una motivazione, di un perché. Questa risposta mi fu fornita da Robert Dilts in persona durante un suo corso. Mi chiedevo, infatti, perché potendo dividere i due livelli, li avesse unificati.

Per cui che tu voglia smettere di fumare perché sei convinto che ormai non sia più di moda o perché per te il valore salute è importante e sai che il fumo ti ucciderà, sono comunque motivazioni e devi tenerle ben presenti.

L'identità è il modo in cui ognuno di noi si vede. Forse tu che fumi da qualche tempo, pur essendo nato non fumatore, oramai ti senti fumatore, ne hai acquisito l'identità. Ora pensa di essere un **non fumatore** che ha fumato fino ad oggi e che, avendo deciso di dire NO al fumo, da adesso in poi non fumerà più.

Spirito e missione sono qualcosa che ci trascende, l'idea di voler realizzare il nostro ideale generale o anche la spinta a concretizzare un singolo obiettivo. In questo caso la tua missione consiste nello smettere di fumare e riprenderti la tua libertà, quindi a questo devi allineare tutto il resto. Ti aiuterò a farlo grazie ad un esercizio.

Il modello dei livelli logici è uno strumento talmente flessibile che può essere usato nelle situazioni più varie, a me, ad esempio, risulta molto comodo anche durante le sessioni aziendali.

Una volta mi hanno chiamato in azienda per fare formazione alla vendita per gli operatori telefonici. Essendo un trainer molto scrupoloso, prima di iniziare a lavorare con gli impiegati ho fatto un'attenta **analisi dei bisogni**, e ho chiesto ai manager aziendali se fossero sicuri che si trattasse di un problema di capacità piuttosto che di altro. Infatti mi sono reso conto che spesso il problema era altrove, nell'ambiente, ad esempio. Magari il call center aziendale non disponeva di sufficienti postazioni telefoniche o vi erano pochi operatori per telefonare o ricevere chiamate. Ancora, può darsi che la sala che ospitava il call center fosse troppo angusta o male climatizzata.

Se il problema è *ambientale* è chiaro che il corso di formazione è inutile: si aumentano le postazioni, si cambia sala o si comprano due condizionatori e tutto fila liscio. Se però la sala ha la giusta capienza, i telefoni ci sono, il personale c'è ma non fa le telefonate che dovrebbe, perché non ha voglia o motivazione a farle, il problema è di ordine *comportamentale*.

Al contrario può darsi anche il caso che il personale faccia le telefonate che deve ma, purtroppo, non riesca a concludere più di un contratto ogni dieci chiamate. In questo caso il problema è davvero sulle *capacità* ed è necessario un corso di formazione.

Infine può succedere che, pur avendo i venditori le giuste capacità, non siano *convinti* della bontà del prodotto che propongono o credano di non essere dei buoni professionisti. Chi si pone in questo modo, pur essendo preparatissimo, non ha *l'identità* di buon venditore e questo, ovviamente, influenza negativamente il suo comportamento e i risultati ottenuti.

Può darsi poi che alla maggior parte dei dipendenti non sia chiara la *missione* aziendale, che la conoscano solo i dirigenti ed i manager, ma non i venditori e così via. Quindi lo studio per livelli può essere fondamentale per risparmiare tempo e risorse.

Tempo fa mi è capitato di dover vendere la mia casa e, per farlo, mi sono rivolto ad un'agenzia molto famosa. Il titolare è stato bravissimo nel vendersi a me. Mi parlò della loro mission orientata al cliente e dell'alto valore della mia casa che sarebbe stata valutata benissimo. Io, ovviamente, ero felicissimo di questo approccio.

I problemi sono cominciati quando, agli incontri con i possibili acquirenti, arrivava l'agente immobiliare ed il suo atteggiamento era assolutamente piatto, diceva, con tono basso e dimesso: "Questa casa ha quattro stanze, un salone ed un ingresso...". Io fra me e me pensavo: "Se questo è il tuo modo di vendere...sono rovinato!" Evidentemente la mission propinatami dal dirigente durante l'incontro iniziale non era sentita anche dagli agenti immobiliari, c'era un evidente disallineamento tra i due piani.

Come può un dirigente essere così bravo, coinvolgente ed emozionale nel vendere e poi non istruire i suoi venditori a fare altrettanto? A quel punto intervenivo io chiedendo ai clienti: "Quanti siete in famiglia? Chi vedrebbe in questa stanza? Qui potrebbe mettere un bel divano...", e così via. Cercavo di toccare le corde emozionali del cliente, affinché si affezionasse all'idea di vivere in quella casa e ci si vedesse da subito.

Questa è stata la mia esperienza con un'azienda immobiliare che poi, mi ha chiesto di far formazione ai propri dipendenti!

RIEPILOGO DEL GIORNO 3:

- SEGRETO n. 12: Ciò che ti impedisce di dire NO al fumo sono i vantaggi secondari, ovvero le motivazioni che sabotano la tua volontà di smettere.
- SEGRETO n. 13: Per quanto tu possa essere accanito, la tua dipendenza da nicotina non è poi così forte, in fondo stai una intera notte senza fumare!
- SEGRETO n. 14: Fumando metti a disagio i tuoi amici non fumatori e a repentaglio la salute tua e dei tuoi cari.
- SEGRETO n. 15: Va bene lavorare sui tre livelli più bassi, ma prima di tutto devi modificare l'identità, altrimenti continuerai a sentirti fumatore.
- SEGRETO n. 16: Sei nato non fumatore, quindi è importante che tu mantenga l'identità di persona che tiene alla propria salute.
- SEGRETO n. 17: Se conosci una persona che ha cambiato una sua convinzione per acquisirne una migliore, modellala e cerca di ottenere il medesimo suo risultato.
- SEGRETO n. 18: Lavora sulla tua identità in modo positivo e gratificati per i successi ottenuti, è l'unica strada per ottenere cambiamenti in meglio definitivi.
- SEGRETO n. 19: Bastano poche suggestioni ben impostate perché un ancoraggio rimanga per tutta la vita.

GIORNO 4: ESERCIZI DI ALLINEAMENTO

Vediamo, nella pratica, come allineare questi livelli per smettere di fumare in maniera definitiva e duratura senza ripensamenti né tentazioni. Tu sai qual è la tua vera identità, hai delle convinzioni, e, quindi, il tuo comportamento non è che una conseguenza del tuo nucleo e dell'allineamento dei tuoi livelli.

Sono incongruenti coloro che, pur agendo in un dato modo, pensano, in realtà, il contrario. La leadership, per me, consiste nell'avere un totale allineamento ed una piena congruenza. Quando prendi in considerazione un obiettivo ambizioso come quello di smettere di fumare, è necessario compiere un processo di allineamento, altrimenti, prima o poi, ricadrai nella tentazione ed i tuoi sforzi saranno vanificati.

Anche l'idea del piccolo mostro della dipendenza da nicotina, è, alla fine, una stupidaggine, una convinzione fasulla imposta dalla cultura. Pensare di dover soggiacere al fumo equivale a scaricarsi la responsabilità di fronteggiare il problema. Al contrario è solo assumendosi la responsabilità delle proprie azioni che si può decidere di fare un cambiamento. Dipende da te far arrivare il momento in cui smetterai e dirai NO al fumo su tutti i livelli, riprendendoti la tua libertà.

SEGRETO n. 20: Se pensi di dover soggiacere al fumo, scarichi da te stesso la responsabilità di fronteggiare il problema.

Come si svolge il processo di allineamento? Adesso lo vedremo con la trascrizione di una dimostrazione che ho tenuto durante uno dei miei corsi in aula, perché è fondamentale che tu capisca in profondità con un esempio reale e concreto.

****

GIACOMO: Ho bisogno di un volontario per fare una dimostrazione, chi viene? Va bene, primo applauso a Paolo.

Allora Paolo adesso faremo un percorso, immagina che qui ci sia una linea e su questa linea ci siano sei livelli. Partiamo dall'**ambiente**: immagina di entrare nella linea dell'ambiente. Tu oggi fumi in un certo ambiente, non c'è bisogno che tu mi risponda né che mi dica qual è, è sufficiente che ti visualizzi, mentre fumi, nel tuo ambiente.

Mentre ti immagini, io spiego ai tuoi colleghi ciò che sto facendo.

(al pubblico) Ora lo farò camminare lungo i sei livelli e, per ogni livello, lo farò allineare a non fumare più. Il bello è che, in tutte le forme di lavoro PNL, non c'è bisogno di conoscere i contenuti della persona e, quindi, di violarne la privacy. Ci sono dei contesti in cui lui fuma parecchio o poco ma a me non interessa sapere quali siano, l'importante è che lui li visualizzi nella sua testa. Non gli chiederò mai nulla né di dirmi nulla.

Adesso, Paolo, immaginati in dissociato, in questi stessi **ambienti** e, stavolta, guardati mentre non fumi più: cambia qualcosa, sei un non fumatore. Sei tranquillo nell'affrontare le situazioni tese, lo stress e l'ansia e non ti crea problema il fatto che, accanto a te, ci possano essere persone che fumano. Ti dispiace per loro e non le invidi di certo. Ti limiti a rispondere, tranquillamente: "No, grazie", se ti offrono una sigaretta.

Fai un passo avanti ed entra nel livello dei **comportamenti**. Concentrati sui comportamenti che adotti negli ambienti in cui fumi ed anche in altri ambienti. Ti vedi fumare e far assorbire agli altri il tuo fumo passivo. I non fumatori ti chiedono di smettere, i fumatori, di continuare.

Ora immagina di vivere le stesse situazioni, ma, stavolta, ti vedi non fumare più perché sei un non fumatore. Sei addirittura divertito da questo e sorridi nel vederti non più schiavo del fumo. Fai bene, devi essere assolutamente contento perché stai tutelando la tua salute. Ti accorgerai che, dopo aver smesso di fumare, anche solo a distanza di una settimana, ti sentirai molto meglio e sai perché? Perché dopo tre settimane non avrai più un grammo di nicotina in circolo e conquisterai il fisico di chi non ha mai fumato nella sua vita. I tuoi polmoni saranno di nuovo pieni di ossigeno e liberi dal catrame, sparirà ogni forma di mal di testa e, finalmente, ti sentirai bene.

Ancora un passo in avanti ed arriviamo alle **capacità** e le strategie. Certo, hai già provato a smettere di fumare, ma hai rinunciato perché qualcosa non ha funzionato. Forse non avevi le giuste strategie, ma, anche ora che le hai, ti passano davanti agli occhi le immagini in cui ti vedi fumatore, pauroso di smettere e di gestire tutto da solo una situazione nuova.

Hai delle buone strategie per fumare ma è esattamente il contrario di ciò che stiamo cercando. Ciò che vuoi, invece, è provare le strategie del *metodo "No Fumo"* che, con il supporto del tuo impegno, ti aiuteranno a smettere di fumare definitivamente in maniera veloce, divertente ed anche sorridente.

Immagina te stesso in dissociato che non fumi più, ti rendi conto di avere delle nuove capacità, sei un non fumatore e, per questo, sei in grado di dire di no alle lusinghe di chi fuma e ritornare libero dalla dipendenza dal fumo. Nel guardare i fumatori, non li invidi, ma, anzi, provi addirittura pena per loro perché mentre tu hai smesso di fumare, loro si trovano ancora intrappolati nella spirale del fumo.

Ora che hai appreso nuove capacità, puoi fare ancora un passo in avanti ed arrivare al livello delle **convinzioni** e dei **valori**, ovvero delle tue motivazioni. Pensa alla determinazione che avevi la volta che hai smesso di fumare, era tanto forte da portarti a riuscire nel tuo intento. Ebbene, è la stessa che ti aiuterà, anche grazie alle strategie del *metodo "No Fumo"* che oggi hai imparato, a dire addio al fumo.

Quando fumavi non eri molto motivato a smettere, mentre lo eri moltissimo a continuare. Evidentemente avevi dei motivi validi per farlo, quindi era giusto che tu lo facessi, non bisogna far finta di niente.

Ora, però, troverai in te nuovi motivi per non fumare mai più.

Ti vedi, infatti, oramai non fumatore. Senti di essere forte perché fumare fa male e ti disgusta. Hai creato nuove associazioni e sei contento di questo, sorridi perché senti di essere motivato a farlo.

Forse fino a ieri dicevi: "Sì, la salute è importante", intanto, però, continuavi a fumare. A ben vedere, la salute non era per te così importante, davi maggiore peso ad altro e, tutto sommato, quella sigaretta ti faceva piacere. Oggi, invece, sei consapevole del valore che rappresenta la salute e lo vuoi conservare.

Eri convinto di essere un fumatore mentre ora hai scoperto che non è così perché sei nato non fumatore e non sei mai stato realmente un fumatore. Sì, in alcune occasioni hai fumato, ma questo non vuol dire che tu sia un fumatore. In realtà, nella parte più profonda di te stesso, nella tua **identità**, nel tuo Dna sei un non fumatore, libero dalla schiavitù del fumo. Questo punto di vista è importante e devi imparare a mantenerlo.

Ora entra nella tua **missione**, nel tuo obiettivo. Hai raggiunto il tuo scopo, hai smesso di fumare, e, anzi, se puoi aiuti anche gli altri a smettere, perché si sta così bene senza l'assillo delle sigarette! Fino a ieri fumavi ma oggi non fumi più perché hai scoperto che si sta meglio nel non fumare, si resta in salute.

Ti senti bene anche perché non ha più nicotina in circolo, la dipendenza che credevi di avere era del tutto fasulla, era una convinzione. Scegli di essere libero e di scardinare tutte le convinzioni limitanti che sinora ti sono state trasmesse! La tua missione è raggiunta e ne senti la soddisfazione, anche perché sei un bel ragazzo e ci tieni alla forma fisica.

Adesso immagina te stesso che non fumi, entra in associato in questa immagine e avverti la sensazione di soddisfazione che ti dà. Guarda con i tuoi occhi se è vero o no ciò che ti stai dicendo, sei grande, sei un non fumatore ed hai raggiunto questo risultato per sempre.

Senti fortemente dentro di te la soddisfazione per aver realizzato la tua missione, ora lasciala espandere per tutto il corpo. Lascia che giri vorticosamente dentro di te, che passi per le braccia, le gambe e ovunque: ora fai un sorriso soddisfatto. Quasi tira fuori la lingua in segno di soddisfazione!

Bene, ora *rifacciamo il percorso all'inverso* e, nel mentre, porta con te la sensazione che hai provato ora. Ti vedrai non fumare non più in dissociato ma sempre in associato.

Torniamo nell'identità, sei un non fumatore, non stai fumando, non fumi più, hai detto NO al fumo. Porta con te la sensazione di soddisfazione della missione raggiunta e fai ancora un passo indietro.

Le tue nuove convinzioni si stanno allineando, sei persuaso che il fumo faccia male e che la salvaguardia della tua salute sia più importante che non fumare una sigaretta in più. Il tuo valore "salute" si è alzato, perché sei un non fumatore, hai raggiunto già la tua missione, una missione importante per te, per i tuoi figli e per chiunque di è vicino.

Ancora, hai nuove capacità apprese grazie alle strategie del *metodo "No Fumo"*, ma soprattutto tratte dalla tua esperienza, dalla tua forza. Disponi di risorse interiori che ti fanno stare bene grazie alla tua missione, alla tua identità, alle tue convinzioni ed ai tuoi valori. Potrai dire di no a chi ti vorrà tentare offrendoti una sigaretta e chi ti vorrà prendere in giro per la tua decisione di smettere di fumare. Riderai, scherzerai e, addirittura, farai autoironia dicendo che sì, un tempo fumavi molto, ma ora hai smesso e ti senti davvero benissimo.

Un passo indietro. I tuoi comportamenti sono allineati, non stai più fumando, ti vedi e ti senti in associato. Senti ancora la sensazione di soddisfazione e la porti con te in tutti gli ambienti in cui prima fumavi e ora non più. Sei molto soddisfatto e lo devi comunicare agli altri, ma lo fai con serenità e gioia, senza prendere in giro i fumatori. Non è il caso, anzi, aiutali se vogliono essere aiutati, altrimenti lasciali fumare come fanno in molti.

Guardate come è cambiata la sua espressione rispetto a quando è arrivato! Va bene, facciamogli un applauso. Come ti senti?

PAOLO. Molto bene!
GIACOMO. Bene!
****

Questo è il **processo di allineamento**. Si lavora su stato attuale e stato desiderato, ovvero su vari livelli. Si inizia visualizzandoti, in dissociato, non fumare più nell'ambiente in cui normalmente fumi. Ancora non sei davvero tu perché stiamo parlando dell'ambiente, un livello esterno.

Procedi così per tutti i livelli: ambiente, comportamenti, capacità, convinzioni e valori, identità e, infine, missione. La missione devi sentirla esplodere dentro di te, avvertendo una sensazione di completa associazione con essa. Lasciala poi espandere dappertutto, ti senti bene per aver smesso, e porti con te questa sensazione associandoti in tutte le situazioni in cui, prima, fumavi.

Sei tu il non fumatore e, in maniera convinta, metti la salute in primo piano nella tua vita. Ora possiedi le strategie del *metodo "No Fumo"* che ti aiuteranno nell'impresa, non semplice, di resistere alle tentazioni. Se ti offrono sigarette rifiuti e, anzi, aiuti gli altri a smettere. Frequenti nuovi ambienti e nuove persone, senza paura ma, anzi, con la felicità di sentirti bene, di poter essere in salute e aiutare anche altre persone a smettere.

Allen Carr ci dice che era arrivato a fumare anche cento sigarette al giorno, per trent'anni ha provato a smettere senza riuscirci e poi, un giorno, ha trovato la soluzione. Ha estratto da sé le proprie strategie per smettere e le ha provate su altre persone per rendersi conto di quali funzionavano e quali meno. E' importante cercare di capire quali siano le problematiche ed i diritti di chi fuma perché ha importanti motivazioni a fumare che vanno rispettate. La motivazione a smettere deve partire da queste persone, non possiamo inculcargliela noi, anche dando saggi consigli.

SEGRETO n. 21: A questo punto possiedi le giuste strategie

per non fumare più, sai come farlo e come resistere alle tentazioni.

Il processo di allineamento lavora molto più in profondità, ti aiuta a sentirti una persona diversa, a cambiare davvero identità. Al mio allievo ho fornito tutte le suggestioni possibili ed ho cercato di anticipargli le obiezioni che coloro che abitualmente frequenta potrebbero muovergli. Potrebbe anche capitare che sia tu a prendere in giro un fumatore! A questo punto ti ho già dato diverse indicazioni sul comportamento da adottare in tutti gli ambienti per te importanti.

Con il mio allievo ho lavorato senza sapere ciò che aveva in mente, ovvero quali fossero gli ambienti in cui vive, ciò che vi fa e come si vede, ciò che mi interessa, però, è che vi abbia posto mente lui. In questo modo sono certo che potrà continuare a lavorare da solo a casa. Quando ne avvertirà il bisogno, potrà ripetere questo processo da solo e si sentirà ogni volta più forte. Tuttavia, se fatto bene, una volta è sufficiente per allinearsi.

Ricorda che nel tuo percorso potrai incontrare un imprevisto o una situazione stressante che metteranno alla prova la tua determinazione, e, mentre stai per cedere, potresti pensare che ti ho "programmato" male. Non voglio che succeda questo, devi esser pronto a tutti gli imprevisti possibili ed affrontarli con naturale flessibilità, male che vada rifarai l'esercizio.

SEGRETO n. 22: Potrai ripetere il processo di allineamento ogni volta che ne sentirai il bisogno ed in qualunque situazione ti trovi.

Nel mio libro "Dieta 5-Sensi", ai lettori che hanno bisogno di controllare il peso fornisco molte suggestioni perché non si perdano d'animo. Dico loro che capiterà certamente di aprire il frigo una volta di troppo e mangiare quella merendina che non era assolutamente concessa. Ma, anche un incidente di percorso come questo, non va considerato un fallimento. Seppure c'è stata una piccola incertezza, si va avanti e si continua con la dieta: mai rigidità in PNL.

Ti potrà capitare di sbagliare, tuttavia cerca di non farlo perché, come sai bene, basta una sola sigaretta per reinnestare il meccanismo che ti intrappola nel vizio e ti crea dipendenza. E sarebbe davvero un peccato farlo ora che hai detto NO al fumo. Ma se succede non importa, ripeti il processo e smetti definitivamente, ritrova la tua libertà!

La procedura dell'esercizio di allineamento è molto lineare, si va avanti ed indietro un paio di volte, ma i risultati sono sorprendenti: ti senti diverso da subito. Immagina sei linee per sei livelli. Entra, prima di tutto, nell'ambiente. Chiediti com'è l'ambiente in cui fumi e come sarebbe se non fumassi. Quindi immagina di non fumare. Vediti in dissociato dal primo al sesto livello, poi, di nuovo, per ognuno di essi, in associato e porta la sensazione positiva provata a ritroso nei vari livelli in modo da allineare di nuovo il tutto. A questo scopo il doppio passaggio è fondamentale.

Molti dei miei allievi che hanno provato l'esercizio mi dicono che, nel momento in cui arrivano alla missione, l'obiettivo finale, si sentono completamente cambiati. Mi hanno raccontato di aver avvertito una piacevole sensazione di positività espandersi nel corpo, dopodiché, proseguendo l'esercizio, l'hanno riportata con sé nei livelli precedenti.

Ripeto, basta eseguire anche una sola volta il percorso, ma con impegno, per condizionarsi a dovere. L'idea di poterlo replicare altre volte è solo un'opzione in più a tuo favore, del resto un ripasso non ti può far male. Anche perché continuando a ricreare questa associazione nel tuo cervello, non fai che rendere più larga la strada della nuova abitudine. La cosa più importante, però, è che ti prenda la piena responsabilità delle tue scelte e decisioni, in modo tale da poter dire il tuo NO al fumo con tutto te stesso e con piena consapevolezza.

SEGRETO n. 23: Ripetere il processo di allineamento è importante per rafforzare la tua determinazione, ma è fondamentale che ti prenda la responsabilità delle tue azioni.

Il processo di allineamento viene fatto spesso anche dalle aziende. Anni fa, quando la Mercedes lanciò la Classe A, lo fece in pompa magna, dando la notizia in pasto a stampa e tv. Come sai, le auto, prima di essere immesse sul mercato, vengono sottoposte ad alcuni test di funzionalità. Ebbene, un giornalista tedesco partecipò al cosiddetto "test dell'alce", che prova la capacità dell'autovettura di superare un ostacolo che si para improvvisamente di fonte all'automobilista. L'auto, purtroppo, sbandò e si ribaltò ed il giornalista si fece male; immagina l'eco suscitata da questa notizia! I giornali bollarono la Classe A come pericolosa, sostenendo che le auto avevano problemi di stabilità. Fu un dramma per un marchio storico come la Mercedes.

Cosa fece la Mercedes? Ritirò tutte le vetture prodotte per installarvi, di serie, il sistema di stabilità ESP. Con ciò dimostrò di essere congruente con la sua identità di azienda per cui è fondamentale il valore della qualità, anche se a caro prezzo e con la conseguenza di un ritardo di produzione.

Come si era diffusa la notizia del ribaltamento, così, in pochi istanti, si diffuse quella del ritiro delle autovetture e del montaggio del sistema ESP. La Mercedes, se possibile, divenne ancora più famosa di quanto non fosse, mantenendo la sua identità di marca di alta qualità. E' stata coerente, ha mantenuto il suo stile ed, effettivamente, la qualità si nota in ogni più piccolo dettaglio.

La congruenza con se stessi è importante. Robbins ci racconta che, ad un certo punto della sua vita, era distrutto, soprappeso e povero in canna, tanto da vivere in una baracca. Toccò il fondo ed ebbe una crisi di identità. Di conseguenza cambiò i suoi standard e le sue convinzioni, iniziò a seguire corsi di PNL per migliorarsi e la sua vita cambiò radicalmente.

Con ciò ti voglio dire che quando c'è un cambiamento ai livelli più alti, il resto varia di conseguenza. La trasformazione più evidente la avrai lavorando a livello di identità oltre che, ovviamente, di missione.

SEGRETO n. 24: Ricorda che quando c'è un cambiamento ai livelli più alti, il resto varia di conseguenza.

Forse non tutti sanno che, agli inizi della sua carriera, Sylvester Stallone era molto povero. Al suo attivo aveva solo un fisico molto palestrato ma non riusciva a realizzare il suo sogno di fare l'attore, gli capitava soltanto di fare, di tanto in tanto, qualche comparsata.

Un giorno, seguendo un incontro di pugilato, gli venne in mente l'idea per la sceneggiatura di Rocky e la sera stessa, tornato a casa, iniziò a scriverla. Alcuni giorni dopo si presentò ad un produttore perché la visionasse. Questi la apprezzò moltissimo, tanto che gli propose di comprarla per la somma di 10.000 dollari. Stallone, tuttavia, aveva scritto il personaggio del protagonista pensando a se stesso e rispose che avrebbe accettato solo se lo avessero scritturato per la parte principale.

Considera che era povero in canna, tanto da dover vendere, per mangiare, il suo amato cane per la somma di 50 dollari, quindi questo rifiuto deve essergli costato parecchio. Il produttore rilanciò a 25.000 dollari, sempre, però, escludendolo dal cast del film. Anche stavolta rifiutò, dicendo di esser perfetto per la parte, Rocky non poteva essere che lui.

Ecco cosa vuol dire avere una forte identità, non importa vivere in un ambiente malsano, non mangiare, vendere il proprio cane: se si è convinti di ciò che si vuole, si va avanti senza incertezze.

La trattativa andò avanti ed il produttore arrivò ad offrirgli 250.000 dollari, una cifra mai sperata, che lui non avrebbe mai pensato di guadagnare in tutta la sua vita, con l'unica condizione che desistesse dal voler ottenere la parte di protagonista del film. Stallone, una volta di più, rispose di no, che Rocky non poteva essere che lui. A tanta ostinazione, il povero produttore tornò ad offrirgli 10.000 dollari e la parte di protagonista del film.

Stallone ancora non sapeva di aver avuto il ruolo che gli avrebbe fruttato non diecimila, ma milioni e milioni di dollari.

La prima cosa che fece con i soldi guadagnati fu di andare a ricomprare il suo cane, pur pagandolo ad un prezzo assai più salato dei 50 dollari a cui l'aveva venduto. Poi lo fece anche partecipare al film: è il famoso Birillo, cane del protagonista. Come vedi, la coerenza può portarti veramente lontano.

SEGRETO n. 25: Avere una forte identità significa che se si è convinti di volere qualcosa, si cerca di ottenerla nonostante le difficoltà.

Dopo aver inventato il modello dei livelli logici, Dilts lo ha utilizzato, assieme a Bandler, in diverse aziende che lo richiedevano. Un esempio per tutte è quello della Xerox, produttrice numero uno delle fotocopiatrici in America che, ad un certo punto, nonostante la sua leadership, ebbe un problema. Un loro dipendente si era recato presso la redazione di un giornale ed aveva scoperto metodologie di lavoro assai all'avanguardia: documenti quasi tutti in formato elettronico, più niente in cartaceo! L'uomo inorridì, cosa ne sarebbe stato delle fotocopie?

Tornò in azienda annunciando la vicina catastrofe, infatti, a suo parere, di lì a pochi anni, con il boom dei computer, nessuno avrebbe avuto più bisogno di fare fotocopie e per loro sarebbe arrivato il fallimento.

Forse vide lontano, anche se ancora oggi la carta è ben usata. Tuttavia alla Xerox si è creato uno stato di panico e, per salvarsi dal disastro, hanno pensato di convertire la propria produzione dalle fotocopiatrici ai computer.

Il problema era, però, che mentre nella precedente produzione di fotocopiatrici erano perfettamente allineati su tutti i livelli, l'azienda di computer, appena creata, fallì miseramente. E' successo perché hanno cercato di dare della Xerox un'immagine di produttrice di computer e, fallendo, hanno anche compromesso la loro leadership nel settore delle fotocopie. I clienti, infatti, la conoscevano come casa produttrice di fotocopiatrici e questo cambio repentino, li ha destabilizzati.

Ciò che avrebbero dovuto fare era, invece, allinearsi alle moderne necessità. Continuare a produrre fotocopiatrici ma adeguandosi alle novità della tecnologia, crearne di elettroniche, dotarle di display e di fax. Quindi fare tutto ciò che si poteva per rinnovarle ed adeguarle ai tempi ma senza cambiare repentinamente settore di mercato. Anche perché mancavano di esperienza nel campo dei computer e, quindi, non erano allineati. Lavorando sul processo di allineamento, Bandler e Dilts sono riusciti a riportare la Xerox ad alti livelli.

SEGRETO n. 26: Cambiare qualcosa in te stesso è possibile e giusto, l'importante è che i tuoi comportamenti restino allineati alle tue convinzioni ed identità.

Puoi usare il processo di allineamento per qualsiasi cosa ti interessi ottenere, non solo smettere di fumare. Prendi un tuo obiettivo ed allinealo ai tuoi comportamenti, le tue convinzioni e la tua identità. Così sarà più facile raggiungerlo perché diventerà più concreto per la tua mente.

Come vedi e come avrai sperimentato tu stesso, un ruolo molto importante, in questo processo, è quello svolto dalle convinzioni.

RIEPILOGO DEL GIORNO 4:

- SEGRETO n. 20: Se pensi di dover soggiacere al fumo, scarichi da te stesso la responsabilità di fronteggiare il problema.
- SEGRETO n. 21: A questo punto possiedi le giuste strategie per non fumare più, sai come farlo e come resistere alle tentazioni.
- SEGRETO n. 22: Potrai ripetere il processo di allineamento ogni volta che ne sentirai il bisogno ed in qualunque situazione ti trovi.
- SEGRETO n. 23: Ripetere il processo è importante per rafforzare la tua determinazione, ma è fondamentale che ti prenda la responsabilità delle tue azioni.
- SEGRETO n. 24: Ricorda che quando c'è un cambiamento ai livelli più alti, il resto varia di conseguenza.
- SEGRETO n. 25: Avere una forte identità significa che se si è convinti di volere qualcosa, si cerca di ottenerla nonostante le difficoltà.
- SEGRETO n. 26: Cambiare qualcosa in te stesso è possibile e giusto, l'importante è che i tuoi comportamenti restino allineati alle tue convinzioni ed identità.

GIORNO 5: CONVINZIONI POTENZIANTI

Il secondo pilastro è rappresentato dalle convinzioni. Se vuoi smettere di fumare, devi cambiarle e non sfamare più il loro grande mostro. Come dicevo poco fa, la cultura, sul discorso delle sigarette, ci fa una sorta di lavaggio del cervello, dalle scene di sesso, all'ultimo desiderio del condannato. La maggior parte delle nostre convinzioni, dalle quali, tra l'altro, dipende in gran parte il nostro destino, ci sono state trasmesse dalla cultura o da qualcuno che abbiamo vicino o che abbiamo incontrato nel corso della nostra vita.

Alcune volte, invece, dipendono dalle nostre esperienze. Ad esempio una persona è fidanzata, viene lasciata e subisce una separazione non voluta. Resta talmente scottata da questa esperienza da generalizzarla e pensare che tutti i suoi possibili prossimi partner si comporteranno così.

Una convinzione limitante può anche esser trasmessa in età infantile. Per cui se un genitore dice al suo bambino che è timido, questo non mette assolutamente in discussione l'affermazione, ci crede ciecamente e, per questo motivo, cresce con la convinzione di esserlo. Magari il bambino non è affatto timido, ma lo diventa per convinzione di qualcun altro. Così il suo carattere è stato forgiato da un'altra persona che gli ha attribuito un'identità non sua. E' ovvio che il genitore non aveva alcuna intenzione di danneggiare il suo bambino, purtroppo però, ci è riuscito benissimo e, in PNL, conta il risultato.

SEGRETO n. 27: Le convinzioni determinano ciò che siamo, che facciamo e come ci comportiamo, quindi ci condizionano a tutti i livelli.

Ciò che so di certo è che se c'è un valido "perché", troverai sempre il "come"; ovvero, se vuoi veramente una cosa troverai sicuramente il modo di realizzarla. Se sei molto motivato a fare il formatore, troverai il modo di riuscire nel tuo intento.

Comincerai a frequentare corsi, a leggere molti libri e ad interessarti a tutto ciò che riguarda la formazione.

Io, sul tema della formazione a tutti i livelli, ho letto oltre 1.000 libri in cinque anni, perché l'ho fatto? Perché ero assolutamente e fermamente motivato a voler sapere tutto il possibile sulla materia. Pensa che per leggere i libri di formazione non tradotti in italiano sono arrivato ad imparare bene l'inglese! Ti dirò di più, ascoltando i dvd di Bandler ho imparato anche il suo slang americano. Pur essendo molto difficile da capire, dopo un po' ci si sintonizza sul suono della cadenza ed il cervello si adatta.

Per cui, quando alcuni miei allievi mi chiedono consigli su come imparare la lingua inglese io dico loro che l'importante è che ci sia una reale passione, poi ognuno di noi trova la strada a sé più confacente per impararlo. C'è chi segue un corso, chi legge libri, chi impara canzoni, chi fa un viaggio in Inghilterra o in America e così via. I miei genitori, ad esempio, mi raccomandavano di studiare bene e con attenzione perché l'inglese da grande mi sarebbe stato utile. E' chiaro che a me questo discorso non suonava più di tanto, anche se ero un ragazzino coscienzioso e mi applicavo. La vera spinta a studiare l'inglese mi è venuta da adulto, come ti ho detto, per approfondire la conoscenza della PNL.

Questa è una convinzione potenziante derivata dalla mia esperienza, e va benissimo. Va meno bene quando si tratta di una convinzione limitante che può derivare dalla propria esperienza di vita, da quella di altri o dalla cultura generale. In PNL non esistono convinzioni giuste o sbagliate in assoluto, perché non ci interessa conoscere il grado di verità di ogni singola convinzione. Ciò che interessa sapere è se, rispetto ad una data persona, una convinzione sia potenziante o limitante.

Ciò che devi fare è chiederti se una certa convinzione ti potenzia, quindi ti aiuta a migliorare o ti limita, impedendoti di crescere. Se sei convinto che smettendo di fumare sarai un uomo finito, certo questa convinzione non ti aiuta; se, invece, pensi che smettendo di fumare ne acquisterai in salute, questa sì è una convinzione potenziante.

SEGRETO n. 28: In PNL non esistono convinzioni giuste o sbagliate, ma potenzianti o limitanti.

Bandler ci racconta di aver notato che, diversi scrittori da lui studiati, per produrre ed attingere alla loro creatività avevano necessità di accendersi una sigaretta. In fondo non è che una routine, un'abitudine, come aver bisogno del caffè per svegliarsi. Io credo sia giusto prepararsi un caffè se se ne ha voglia, ma non bisogna confondere la voglia con il bisogno, altrimenti diventa una dipendenza come quella per le sigarette. Occorre cercare di riprendere il controllo di noi stessi, dei nostri comportamenti e delle nostre convinzioni.

Devi sapere che molte convinzioni vengono trasmesse, senza averne il minimo sentore, di generazione in generazione. Tempo fa mi trovavo in cucina con mia moglie e ci apprestavamo a cuocere un arrosto. Lei affermava che l'arrosto va diviso in due prima di essere disposto nella pentola. Confuso da questa affermazione, che mi pareva priva di logica, le chiesi il perché. Mi rispose che così aveva sempre visto fare la mamma. A questo punto mi sembrò naturale chiamare la madre e chiederle il perché, ma non fui soddisfatto, a sua volta mi rispose che così aveva sempre fatto sua madre. Fu così che risalii fino alla nonna di mia moglie che, finalmente, seppe rispondermi. Mi disse che lei tagliava l'arrosto in due perché, una volta, non c'erano pentole abbastanza grandi per cuocere un arrosto senza tagliarlo in due parti! E' chiaro che la convinzione della nonna si era propagata nelle generazioni seguenti.

Sempre su questo tema sono stati fatti vari test. Oggetto di uno di questi esperimenti furono cinque scimmie poste accanto ad una scala con un casco di banane sulla sommità. Ovviamente erano spinte a salire sulla scala per raggiungere il casco di banane, sennonché saliti alcuni gradini, ricevevano una leggera scossa elettrica che le faceva ricadere a terra. In questo modo si era creata, nella mente delle scimmie, un'associazione tra il salire la scala e il ricevere una scossa elettrica, quindi non provavano più a salire per non rischiare di riceverla.

A questo punto venne sostituita una delle scimmie oggetto dell'esperimento con un'altra. Quest'ultima, ignara, provò subito a salire sulla scala e le altre, tirandola giù di peso, le comunicarono che non era il caso di farlo per non incorrere in qualcosa di sgradevole. La nuova scimmia, quindi, non salì la scala pur non avendo mai ricevuto la scossa elettrica.

Pian piano vennero sostituite tutte le scimmie e, per ognuna, le altre ripeterono l'avvertimento dato alla prima. Alla fine restarono cinque nuove scimmie, nessuna di esse aveva ricevuto la scossa elettrica, ma, nonostante ciò, neppure una salì sulla scala per non incorrere nel rischio avvertito dalle altre.

Pur avendo, gli sperimentatori, eliminato la scossa elettrica, nessuna delle scimmie tentò di salire sulla scala, perché sapevano di non dover tentare la scalata al casco di banane anche se non ne conoscevano il motivo.

E' dimostrato, quindi, che le convinzioni si possono trasmettere e, purtroppo, quasi sempre si tratta delle limitanti. Come dicevo poco fa, è sufficiente che un'insegnante dica ad un bambino: "Non sei portato per la matematica", per deviarlo senza speranza. Magari l'ha detto basandosi sul primo compito dell'anno, quindi con valore molto limitato, e non sa di averlo condizionato per sempre con la sua errata convinzione.

I miei insegnanti, ad esempio, ritenevano io fossi bravissimo e mi trattavano sempre da tale. E' vero che all'inizio dell'anno mi impegnavo molto, ma poi, per il resto, vivevo di rendita. Il mio target di votazione restava comunque altissimo e, quindi, quando non studiavo potevo prendere al massimo sei meno, quando studiavo, prendevo nove. Un mio amico, il cui rendimento era ritenuto scarso, prendeva, quando si impegnava, sei più, quando andava male, tre.

E' normale che le persone con le quali veniamo in contatto ci trasmettano le proprie convinzioni, va tutto bene se sono potenzianti, il problema è quando sono limitanti. Se ad un bimbo dicono che è timido, questo, di conseguenza, si comporterà da timido da bimbo e poi anche da adulto. Se sei timido a livello di identità e convinzione, ti comporti da timido.

In più, se a livello di identità ti senti timido, i tuoi comportamenti non potranno che essere una conseguenza di questo. Se hai la convinzione di essere timido, che ambienti frequenti? Vai in discoteca? Alle feste? No, anzi, in conseguenza della tua timidezza, non ti muovi da casa restando sempre chiuso nel medesimo ambiente protetto. Quindi, volendo stare sempre a casa, nel tuo ambiente protetto, ti convinci di essere timido: è un circolo vizioso!

Al contrario, se hai la convinzione potenziante di essere un buon formatore, ti comporterai da tale aggiornandoti costantemente, grazie alla tua capacità otterrai ottimi risultati e la tua convinzione verrà, ancora una volta, confermata. Henry Ford diceva che, nel far qualsiasi cosa, puoi pensare di farcela o non farcela, avrai in ogni caso ragione. Se pensi di farcela, infatti, ti impegnerai al massimo e ce la farai, altrimenti sarai rinunciatario, non ti impegnerai e non ce la farai.

SEGRETO n. 29: E' normale che le persone con cui vieni in contatto ti trasmettano le proprie convinzioni, l'importante è che tu trattenga solo le potenzianti e scacci le limitanti.

Ti ho detto che le convinzioni possono essere potenzianti o limitanti, quindi, in questo caso, possono aiutarti a smettere di fumare o impedirti di farlo. Ciò che adesso devi fare, quindi, è analizzare *le tue convinzioni*. Scrivi tre convinzioni potenzianti e tre limitanti che hai sul fumo, ad esempio: "Sono assolutamente convinto che fumare faccia malissimo". E' una convinzione potenziante che molti fumatori hanno, scrivila, ma sono certo che, pensandoci, ne troverai molte altre. Un'altra buona convinzione da avere se vuoi smettere di fumare è la seguente: "Sono convinto che se fumo ancora non camperò molto a lungo".

Una convinzione limitante può essere: "Se smetto di fumare, non sarò più in grado di affrontare un momento di stress", oppure: "Se rinuncio al mio vizio", qualunque esso sia "non sarò più in grado di affrontare con sicurezza le situazioni di ogni giorno" oppure "non riuscirò più a rilassarmi". Probabilmente avrai più convinzioni limitanti che potenzianti, altrimenti avresti già smesso.

E' comunque importante che tu le scriva, soprattutto per aiutarti a prendere consapevolezza di questi meccanismi inconsci. Perché nessuno ci dice apertamente che sta cercando di crearci una convinzione, le convinzioni si creano sulle esperienze nostre o degli altri o ci vengono trasmesse dalla cultura.

Dopo averle scritte, chiediti se queste convinzioni sono veramente tue o ti sono state trasmesse da altri o dalla cultura. Questo è molto interessante da verificare, può darsi ti renda conto di aver appreso da altri tutte le tue convinzioni limitanti, da un tuo amico fumatore o da un film visto al cinema.

Prenditi cinque minuti, scrivi tre convinzioni potenzianti, tre limitanti e chiediti da chi ti arrivano.

CONVINZIONI POTENZIANTI

1) _____

2) _____

3) _____

CONVINZIONI LIMITANTI

1) _____

2) _____

3) _____

Ora che hai scritto le tue convinzioni, vediamo come cambiare quelle limitanti. Ti porto l'esempio della una trascrizione di un esercizio svoltosi durante uno dei miei corsi in aula.

****

GIACOMO: Ora con l'aiuto del nostro amico Giovanni, che mi ha detto di fumare da dodici anni, faremo un esercizio, denominato **time line**, ovvero linea del tempo.

Allora Giovanni, immagina di avere una linea che divide il futuro dal passato. Torniamo indietro a dodici anni fa, cammina indietro tranquillamente lungo la parte della tua vita in cui sei stato un fumatore. O meglio, in cui hai fumato, perché, in realtà, come sai, fino a dodici anni fa eri un non fumatore.

Rivivi intensamente la sensazione di essere un non fumatore, lasciala espandere dentro di te. Tu sei un non fumatore e, infatti, sei nato non fumatore e per tanti anni sei stato non fumatore. Poi, ad un certo punto della vita, da qui in avanti, hai preso la decisione di iniziare a fumare, che sia stata saggia o meno non ci interessa, non sta a noi giudicarlo. Sta di fatto che hai preso una decisione in base alle convinzioni che avevi e ne sono discese, negli anni a venire, nuove convinzioni che hanno forgiato il tuo cammino.

Ciò che possiamo fare, per gioco, è costruire un passato alternativo in cui tu eri non fumatore ed arrivi ad essere ancora non fumatore nel tempo presente. Immagina di crearti un cammino parallelo ove porti con te la sensazione di essere un non fumatore sino al presente: sei un non fumatore, porta questa sensazione con te.

Adesso portala anche nel tuo futuro, perché nei prossimi anni continuerai ad essere un non fumatore, e lascia che si amplifichi per ogni passo in avanti che fai. Ora che, nel tuo cammino alternativo, sai di essere sempre stato un non fumatore, immagina di girarti indietro e di dare un consiglio al tuo io del presente. E' vero che ha fumato, certe volte forse anche tanto e con tante sigarette ha recuperato tutto il tempo perso da ragazzo. Però tu puoi dargli dei consigli, perché eri un non fumatore, sei un non fumatore e sarai un non fumatore.

Immagina che durante questa tua vita alternativa, nella quale sei un non fumatore, siano successe tante cose, anche imprevisti, e che tu abbia incontrato molte persone che hanno tentato, in varie maniere, di spingerti a fumare. Sai che, in tutte quelle occasioni, tu hai saputo dire NO al fumo e che, seppure ti è capitato di provare una volta una sigaretta, è stato un episodio isolato che non si ripeterà più.

Ora, Giovanni, torna indietro ed immagina di vivere a ritroso tutti questi eventi, così come riavvolgeresti una videocassetta nel videoregistratore. Si riavvolge velocemente e, nel frattempo, il tuo cervello, a livello inconscio, rielabora moltissime informazioni. Ecco che arrivi al presente, e sei ancora un non fumatore!

Immagina, guardando al passato, di essere sempre stato un non fumatore, perché in fondo, come dice Anthony Robbins, noi possiamo cambiare il nostro passato. E' vero che non possiamo cambiare gli eventi, per cui se tu una sigaretta te la sei fumata, te la sei fumata, quello è un dato di fatto, però possiamo cambiare la percezione degli eventi. Quindi puoi guardare al tuo passato in maniera nuova, in maniera diversa, e puoi anche dire che, sì, è vero che hai fumato, ma non eri comunque un fumatore. Non lo eri prima e non lo sei ora così come non lo sarai domani e per tutta la tua vita…

****

Tu, quindi, non puoi cambiare i fatti accaduti nel passato, ciò che invece puoi cambiare, è la percezione di questi fatti e poiché nella tua mente non hai fatti ma percezioni, puoi cambiare il tuo passato. Questa affermazione è importantissima in PNL, ricordala e mettila in pratica. Anthony Robbins, durante uno dei suoi ultimi corsi, al quale ero presente, ha detto una cosa bellissima, ovvero che *non è mai troppo tardi per avere un'infanzia felice.*

Si è preso il più grande applauso che io abbia mai sentito, perché, in questo modo, ha aiutato molte persone a cambiare le proprie percezioni dei ricordi dell'infanzia, che, come sappiamo, sono alla base di tanti problemi nell'età adulta. Robbins dice che è sufficiente, per non soffrire più di dati eventi accadutici da bambini, non dar più ad essi importanza. E' possibile, perché è la percezione quella che dà enfasi al fatto, se cambia la percezione, il fatto perde di importanza.

Arrivato a cinquant'anni, puoi comunque dire di aver avuto un'infanzia felice, o, essendo fumatore, di non aver mai fumato, è sufficiente crearsi un percorso alternativo ed immaginare di essere sempre stato un bimbo sereno o un non fumatore, a seconda delle situazioni.

SEGRETO n. 30: Non puoi cambiare i ricordi sgradevoli del tuo passato, puoi però cambiarne la percezione e non soffrirne più.

Non è solo un gioco, piuttosto si tratta di un cambio di rotta. La verità, tienilo bene a mente, è che tu sei un non fumatore, e dal fatto che tu abbia fumato una, due, cento volte, non deriva la conseguenza che tu sia un fumatore. Sì, hai avuto il comportamento di chi fuma, ma ciò non vuol dire che tu sia un fumatore, sei solo una persona che in alcune occasioni ha fumato, non sei nato per fumare!

Cosa succede quando mangi un cibo avariato? Normalmente hai la nausea e rimetti perché il corpo tenta di espellere il veleno contenuto in ciò che hai ingerito. Per lo stesso motivo, quando hai fumato per la prima volta, hai tossito per più di mezz'ora ed hai avuto un forte mal di testa, non è vero? Poi, certo, lo fai una, due, dieci volte, fino a che il corpo si abitua e non si ribella più. Questo certo non fa bene, infatti continui ad inspirare nicotina e ad immettere carbonio nei polmoni.

Se solo pensassi che non fumando per mezz'ora elimini il 50% della nicotina che hai in corpo, dopo un'ora il 75% e dopo tre settimane quasi il 100%, smetteresti immediatamente per continuare a goderti la tua buona salute. Questo vuol dire che il piccolo mostro della dipendenza da nicotina dura al massimo tre settimane dentro di te, ma già dopo tre giorni si è fortemente infiacchito e non senti più nulla. Infatti la nicotina, essendo a livelli bassissimi, non ti dà più quella sensazione di vuoto da assenza di fumo che a volte hai provato. Ecco perché poco dopo aver finito di fumare senti il bisogno di accenderti una nuova sigaretta, il livello di nicotina presente nel tuo sangue è sceso a livelli minimi ed hai bisogno di immetterne ancora!

Ora, riflettendo su questo, rifai l'esercizio che ho dimostrato con il mio allievo in aula. Prendi un momento del presente ed un momento del passato in cui è nata una certa tua decisione, che sia quella di smettere di fumare o di toglierti qualsiasi altro vizio. Portati nel passato e pensa di imboccare una strada alternativa rispetto a quella che hai percorso, una via parallela nella quale sei sempre stato non fumatore. Ora adotta l'identità di non fumatore, portala con te nel presente e proiettala nel futuro.

A questo punto, parlando dal tuo nuovo futuro, sei anche in grado di dare un buon consiglio al te stesso di oggi, perché hai alle spalle molti anni di esperienza. Ora torna nel passato, riavvolgendo tutta la tua vita come si trattasse di una videocassetta fino a tornare al momento in cui hai preso la decisione di fumare.

Nel tornare indietro è importante che porti con te la piacevole sensazione dell'aver deciso di non fumare e di non averlo mai fatto in tutta la vita. Ovviamente non puoi riuscire, a livello conscio, a rivivere cinquant'anni o cent'anni in pochi secondi, però il cervello, a livello inconscio, riesce ugualmente a farlo.

Uso questo metodo anche durante i miei corsi nel fare esercizi per il raggiungimento degli obiettivi. Chiedo ai miei allievi di immaginare se stessi ad obiettivo già raggiunto, di percepire la gioia e la sensazione di soddisfazione che deriva da questo successo e poi di tornare indietro portando questa sensazione con sé. Ebbene, ti assicuro che ci si trova molto più motivati a percorrere la propria strada verso il raggiungimento dell'obiettivo prescelto. In questo modo il cervello è già focalizzato, sa dove sta andando, ha già una direzione ben chiara da seguire. Dopo aver assaporato la gioia della meta raggiunta, infatti, si desidera ancor di più agguantarla il più velocemente possibile.

Se ci sono imprevisti, non importa, li scavalcherai; se una cosa non è funzionale al raggiungimento del tuo obiettivo, non importa, ne troverai un'altra. La PNL in questo è molto flessibile, ci dice di non scoraggiarci per un imprevisto trovato sulla nostra strada, per un errore fatto mentre si cammina verso l'obiettivo. Hai fumato una sigaretta quando avevi già smesso da un mese? Non importa, vai avanti ugualmente, perché sai di essere un non fumatore. Quindi parti dal presente, torna nel passato, recupera l'identità positiva, portala nel presente e proiettala nel futuro. La procedura è molto semplice ed i risultati molto evidenti. Sì, in fondo è un gioco, però, come dicono Robert Dilts e Richard Bandler, la time line è uno strumento che può aiutarti moltissimo a raggiungere l'obiettivo desiderato.

Puoi andare nel futuro, vederti ad obiettivo già raggiunto e portare nel passato la sensazione gioiosa di aver realizzato il tuo sogno, che ti darà forza e motivazione per continuare a percorrere la tua strada. O, in alternativa, puoi tornare nel passato a recuperare una risorsa che sai di avere già sperimentato. Se, ad esempio, hai bisogno di sicurezza, torni nel passato ad un momento in cui ti sei sentito particolarmente sicuro, estrai la risorsa, la porti nel presente e la utilizzi quando ne hai bisogno. Ti immedesimi, in associato, in quella situazione, rivivi la sensazione di sicurezza e la porti con te nel presente.

Mettiamo che domani tu abbia un colloquio di lavoro, allora torna con la mente ad un momento del tuo passato in cui ti sei sentito determinato e sicuro, riacciuffa la risorsa e poi dì a te stesso che domani, durante il colloquio, ti sentirai forte e pienamente in te.

Così se, con aria afflitta, pensi di dover affrontare un'intera vita senza sigarette, sappi che per far qualsiasi cosa non hai bisogno dell'ausilio del fumo. Sei teso? Hai avuto una giornata nera? Hai problemi di vario genere? Torna con la mente ad una situazione del tuo passato nella quale ti sei sentito particolarmente rilassato, recupera la risorsa e portala nel tuo presente: il beneficio sarà immediato. Poi, ovviamente, proiettala nel futuro per essere sempre rilassato nei prossimi 10,

20, 100 anni.

Ricorda che, come dice Robbins, il passato è una fonte di insegnamenti e di risorse. Una stessa situazione negativa può esser vista come una ferita che ci segnerà a vita o come uno sprone per fortificarsi in vista di un futuro migliore. Lo stesso evento oggettivo può essere visto in modi differenti dando luogo a convinzioni potenzianti o limitanti. Per cui usa bene la tua linea del tempo, la tua time line.

SEGRETO n. 31: La time line ti permette di assaporare in anticipo il piacere della meta raggiunta e ti fa desiderare di conseguirla il più velocemente possibile.

Utilizzando la time line puoi anche arrivare a cambiare le attuali convinzioni; perché quando vai nel passato e prendi una strada alternativa in cui sei un non fumatore, tutte le convinzioni nate negli anni in cui hai fumato, tendono a modificarsi e a perdere di significato.

Cambiando il proprio passato ci si rende conto di poter aver anche avere nuove convinzioni, ovvero che il fumo non è poi così indispensabile, che sei sempre stato un non fumatore e lo sarai sempre.

Le convinzioni sono importanti e, quindi, saper cambiare quelle limitanti e, magari, trasformarle in potenzianti, è fondamentale. Tanti anni fa, quando non conoscevo ancora mia moglie, uscivo la sera con un mio amico ed andavo nei pub come tanti altri ragazzi. Poteva capitare che una ragazza guardasse nella nostra direzione e, mentre io pensavo stesse guardando me e che le potessi piacere, il mio amico riteneva che lo stesse guardando per prenderlo in giro e poi commentare il suo aspetto con un'amica.

Beh, magari non avevamo ragione né io né lui, può darsi stesse guardando una terza persona alle nostre spalle ma ciò che è importante è il diverso modo di porsi mio e del mio amico. Partendo da uno stesso evento oggettivo, ovvero che la ragazza stesse guardando nella nostra direzione, io ho pensato di poterle interessare ed il mio amico che lo stesse prendendo in giro. Non c'è una realtà oggettiva, ma tante realtà soggettive che dipendono dalle nostre convinzioni.

Un altro grande autore che scrive sulle convinzioni è Robert Kiyosaki. Grande formatore e trainer di libertà finanziaria, ci insegna come diventare ricchi. Ha scritto un libro bellissimo dal titolo "Padre ricco, padre povero", che ti parla di due diverse figure di papà; il primo, il padre ricco, è un ricco imprenditore, padre del suo migliore amico e l'altro, il padre povero, il suo vero padre, di professione insegnante. Questi era convinto che l'essenziale per suo figlio fosse studiare, laurearsi, mandare in giro il suo curriculum e trovare al più presto un impiego sicuro come il suo.

Al contrario, il padre ricco, gli consigliava di non cercare la sicurezza, quanto, piuttosto la libertà. Facendo l'imprenditore avrebbe guadagnato molto di più faticando meno, perché avrebbe avuto molte persone disposte a lavorare per lui. Quindi si sarebbe lui trovato nella condizione di leggere curriculum di altri e non viceversa. Il suo motto era "non cercare lavoro, crealo".

Due punti di vista totalmente diversi per due persone totalmente diverse. Ad un certo punto il giovane si è trovato a scegliere tra le due vie e si è chiesto se seguire gli insegnamenti del suo papà, che lo instradava verso la sicurezza, o del padre dell'amico, che lo spingeva verso la libertà finanziaria. Alla fine ha scelto di seguire le idee del padre ricco. Non si trattava certo di una questione di affetto, solo di adesione a delle idee piuttosto che ad altre. Evidentemente alla soggettività di Kiyosaki meglio si adattavano le idee del padre ricco.

Poi, divenendo adulto, ha effettivamente seguito la strada indicatagli dal padre ricco, è divenuto un grande autore nel campo della formazione e dispensa ottimi consigli ai suoi lettori. Si tratta di dritte assai pratiche ed elementari perché parla con il linguaggio e la mentalità del bambino che era quando venne a conoscenza dei due diversi atteggiamenti mentali dei due papà e si trovò a fare una scelta tra le convinzioni dell'uno e dell'altro.

Certo, colui al quale è stata inculcata dai i genitori la convinzione che la strada giusta sia quella dello studio, della laurea e del posto fisso, probabilmente seguirà con fiducia quella strada. Kiyosaki, fortunatamente, ha avuto l'opportunità di trovarsi a contatto con due diverse scuole di pensiero ed ha scelto la via a lui più congeniale.

Ricorda che ognuno di noi deve sentirsi *responsabile* delle proprie scelte e decisioni perché solo così si potrà essere in grado di gestire il proprio stato d'animo e decidere di smettere di fumare. Possiamo trovare altri modi per soddisfare le necessità che oggi compensiamo con il fumo.

Io posso dire di aver imparato cosa sia il senso di responsabilità da una mia amica alla quale, tempo fa, capitò un bruttissimo incidente automobilistico che le lasciò in ricordo una vistosa cicatrice sul viso. Dopo poco che la conoscevo le chiesi il perché della cicatrice e lei mi raccontò. All'età di diciotto anni le capitò, una sera, di uscire con una sua amica, andarono in discoteca e bevvero un po' più del consentito. Al momento di tornare a casa si rese conto che l'amica, che doveva mettersi alla guida, era un po' ubriaca e lei tentò di impedirglielo.

L'amica, però, sentendosi perfettamente in forma, la rassicurò e le disse che non c'era da preoccuparsi. Purtroppo, essendo in preda ai fumi dell'alcool non era in grado di valutare il suo stato di lucidità. Mise in moto la macchina e dopo poche centinaia di metri, ebbero l'incidente.

Le chiesi se si sentisse in collera con l'amica, d'altronde sarebbe stato del tutto comprensibile! Lei rispose di no: si era accorta che la sua amica non era in grado di guidare ed avrebbe potuto prendere un taxi o darle uno schiaffo per farla ragionare. Per questo riteneva sua la responsabilità dell'accaduto. "Sono io che ho deciso di sedermi accanto a lei nonostante tutto" mi disse.

La sua risposta mi ha stupito perché non me l'aspettavo. Non tutte le persone sono disposte a prendersi le proprie responsabilità e, ancor meno quando le conseguenze sono tanto gravi e toccano convinzioni e stati d'animo. E' troppo facile scaricare la propria responsabilità sugli altri, bisogna, invece, avere il coraggio di assumersela.

SEGRETO n. 32: Ognuno di noi deve sentirsi responsabile delle proprie scelte, solo così potrà dire definitivamente NO al fumo.

RIEPILOGO DEL GIORNO 5:

- SEGRETO n. 27: Le convinzioni determinano ciò che siamo, che facciamo e come ci comportiamo, quindi ci condizionano a tutti i livelli.
- SEGRETO n. 28: In PNL non esistono convinzioni giuste o sbagliate, ma potenzianti o limitanti.
- SEGRETO n. 29: E' normale che le persone con cui vieni in contatto ti trasmettano le proprie convinzioni, l'importante è che tu trattenga solo le potenzianti e scacci le limitanti.
- SEGRETO n. 30: Non puoi cambiare i ricordi sgradevoli del tuo passato, puoi però cambiarne la percezione e non soffrirne più.
- SEGRETO n. 31: La time line ti permette di assaporare in anticipo il piacere della meta raggiunta e ti fa desiderare di conseguirla il più velocemente possibile.
- SEGRETO n. 32: Ognuno di noi deve sentirsi responsabile delle proprie scelte, solo così potrà dire definitivamente NO al fumo.

GIORNO 6: ABITUDINI VINCENTI

Terzo pilastro per smettere di fumare sono le **abitudini** che, come abbiamo detto parlando inizialmente dei livelli logici, rientrano nei comportamenti. Pur non essendo fondamentali come le convinzioni e l'identità, è comunque importante variarle nel tempo, e tu devi condizionarti a farlo.

Bandler, nel coniare il termine Programmazione Neuro-Linguistica, si è rifatto all'informatica. Ha detto che ogni persona è come un computer all'interno del quale girano dei programmi, ovvero delle combinazioni stimolo/risposta. Se una persona ci tratta male, noi diventiamo aggressivi, un po' come gli esperimenti fatti da Pavlov, il teorizzatore del condizionamento, con i cani. Ma, essendo esseri umani, non dobbiamo seguire sempre degli schemi, ovvero le nostre abitudini, ma imparare a conoscerli e modificarli.

Spesso, chi fuma, lo fa per abitudine, in automatico, non perché ne abbia voglia o per combattere lo stress. Tanto più se si tratta della sigaretta dopo il pasto che è divenuta, un po' come il caffè, un irrinunciabile piacere del quale non puoi proprio fare a meno.

E' chiaro che occorre spezzare l'abitudine ma, non riuscendoci, molti si aiutano con dei surrogati come i cerotti o le gomme da masticare alla nicotina che danno l'illusione di aver smesso mentre continuano ad immettere veleno nel corpo. Certo, può funzionare inizialmente per spezzare l'abitudine, ma, se non ti liberi dalla nicotina, il pericolo della dipendenza è sempre in agguato.

Questi surrogati non fanno che alimentare sia il piccolo mostro della dipendenza da nicotina, che il grande mostro delle convinzioni. Per spezzare la dipendenza devi, invece, modificare principalmente le tue convinzioni e la tua identità, e per questo abbiamo visto la necessità di un lavoro di allineamento.

Ad un certo punto, decidi che le sigarette ti disgustano e, quindi, non hai bisogno né di cerotti né di gomme, li butti perché hai detto il tuo NO al fumo e non li vuoi più vedere. Dici: "Mi hanno rubato dieci anni di vita", oppure: "In dieci anni mi sono rovinato i polmoni". Magari vai a fare una lastra e ti rendi conto che hai tanto di quel fumo in corpo da non poterne più!

Se cambi l'associazione "sigaretta uguale piacere" e la trasformi in "sigaretta uguale dolore", è lì la reale congruenza, il vero allineamento. Quando una persona decide di mettersi a dieta, non le è sufficiente eliminare i dolci, modificando, così, semplicemente i propri comportamenti. Per riuscire deve essere convinta che i dolci siano pesanti e che la facciano stare male. Quindi, dato che tiene alla sua salute e a livello di spirito e missione questo valore è per lei più elevato di ogni altro, le sarà automatico non mangiarli.

Così deve essere per coloro che vogliono smettere di fumare. E' vero, hai delle abitudini difficili da scardinare, puoi mettere il cerotto e spezzarle, ma se sei veramente convinto che fumare ti fa senso, che non fa più per te e che non sei un fumatore, adeguerai conseguentemente i tuoi comportamenti.

SEGRETO n. 33: Se decidi che le sigarette ti disgustano, non avrai più bisogno di surrogati per smettere.

In ogni caso la PNL usa sempre tecniche mentali per raggiungere risultati e non certo cerotti o gomme. Occorre lavorare sulle abitudini e, a questo scopo, si utilizzano gli stati di rilassamento. Il segreto consiste nell'indursi uno stato di totale relax che, nel lessico dell'ipnosi, viene definito "stato Alpha". Questo è caratterizzato dal fatto che le onde cerebrali sono rallentate, come quando si è lì per addormentarsi o dopo pranzo. In questa condizione si è mentalmente più aperti e si riesce meglio a controllare se stessi e ad avere maggiore consapevolezza delle proprie convinzioni, sensazioni ed abitudini.

Su di esse puoi lavorare meglio attraverso le suggestioni fornite da ciò che in PNL viene definito come **ricalco sul futuro**, costituito da una serie di tre passaggi. Il primo passaggio consiste nell'entrare in uno stato di relax. Poi, una volta indotto lo stato, sarà il momento di fornire a te stesso una serie di **suggestioni**, a vari livelli, sul fatto di cambiare comportamenti e abitudini. Esse possono riguardare l'identità come le convinzioni ed i valori.

Il ricalco sul futuro è il terzo passaggio e consiste nel dare una serie di consigli o, se vuoi, di suggestioni su come affrontare i problemi, le situazioni future, lo stress, le persone che ti tenteranno e così via. Questo serve per prepararti a rispondere con prontezza e determinazione a tutto ciò che potrà capitarti in futuro e per renderti flessibile di fronte a determinati inconvenienti o nuove situazioni che potresti incontrare.

SEGRETO n. 34: Il ricalco sul futuro serve per fornirti una serie di suggestioni che ti aiuteranno a reagire con prontezza e flessibilità ad eventuali situazioni problematiche future.

Una dimostrazione vale più di mille parole e, quindi, eccoti la trascrizione di un altro esercizio che ho tenuto in aula.

****

GIACOMO. Allora Franco, vuoi smettere di fumare definitivamente?

FRANCO. *Sì.*

GIACOMO. Benissimo. A questo scopo hai già fatto diversi esercizi, ora lavoriamo anche sulle abitudini che comunque, in ognuno di noi, sono abbastanza radicate. Le abbiamo da anni e, quindi, è normale cercare di interromperle grazie a strategie mirate. Nonostante tu abbia nuove convinzioni, nuova identità, e ti senta già un non fumatore, occorre, a questo punto, interrompere delle abitudini.

La prima cosa da fare è far sì che si metta in stato di relax. Quindi, nella tua vita, ora, mentre sei comodo e stai seduto su questa sedia…

FRANCO. *Posso mettermi anche più giù?*

GIACOMO. Puoi metterti come vuoi, così stai rilassato al massimo...in effetti potrebbe essere una cosa comoda anche per me! Immagina una situazione in cui sei stato molto rilassato, per esempio mentre stai per addormentarti, o dopo aver fatto meditazione, ma non chiudere gli occhi...

FRANCO. *Devo mettermi in quello stato?*

GIACOMO. Sì, mettiti in quello stato e mentre sei lì e guardi le persone che hai di fronte, anche se questa non è una situazione del tutto normale, semplicemente immaginati in quel momento di totale rilassamento.

Ora sei rilassato e ti rendi conto di come, durante il giorno, lo sei in molte situazioni anche senza accorgertene. Parlavo di questo in un mio corso basato completamente sul relax. Per esempio, quando sei in macchina e stai tornando a casa o vai in ufficio, ripeti un percorso che hai fatto un milione di volte, e per questo, guidi quasi in trance, non devi pensare alla direzione da prendere. Così, quando ti fermi al semaforo e sei soprappensiero perché totalmente rilassato, non ti accorgi che è scattato il verde e che l'automobilista dietro di te sta consumando il clacson nel tentativo di farti partire.

Mentre sei in questo stato di totale rilassamento e senti la sensazione di relax nel tuo corpo, inizia semplicemente a pensare al fatto che sei un non fumatore, quindi, ancora una volta, a sentirti come non fumatore. A vederti in situazioni particolari, quelle in cui in passato ti è capitato di fumare e che oggi puoi affrontare in maniera nuova.

Utilizza le strategie che hai imparato, come la time line, la linea del tempo, vai nel passato, prendi nuove risorse e portarle nel futuro, oppure rifai l'esercizio di allineamento proprio come prima. Perché se sei un non fumatore e, quindi, sei convinto che il fumo faccia male, non vorrai certo fare la fine del cliente che Robbins fece quasi soffocare costringendolo a fumare un'intera stecca di sigarette!

Immagina anche che ti capiti di incontrare qualcuno che ti dice: "Ma dai, hai smesso di fumare? Che bravo! Ce l'hai fatta da solo?", tu risponderai: "Sì" e non gli confiderai che hai letto questa guida, perché non hai bisogno di me. Ti limiterai a dire che ce l'hai fatta perché hai deciso in completa autonomia, prendendoti le tue responsabilità. Infatti la decisione è del tutto tua, perché, per quanto mi riguarda, puoi fumare se vuoi; ma per il tuo bene, per la tua buona identità, è molto meglio se scegli di non farlo. Sei libero di non fumare, ma se non fumi conserverai la tua salute, anche perché sai che tra tre settimane nel tuo corpo non ci sarà più neanche un milligrammo di nicotina.

E mentre respiri e la tua fisiologia cambia, ti rendi conto di com'è piacevole essere e sentirsi in forma. Magari hai fatto dello sport nel passato e lo fai tuttora, pensa di sentirti bene mentre lo fai, di avere la resistenza che avevi una volta, ti piacerebbe?

Immagina di veder arrivare la persona che vorrebbe tentarti con una sigaretta e che tu gli dica tranquillamente che non ti interessa. E' normale che qualcuno cerchi di tentarti così come è normale che tu dica di no, perché sei coerente, allineato alla tua identità di non fumatore e convinto che fumare non serva, tutto qui.

Così come è coerente con se stesso il fumatore e, per questo motivo, non è giusto che tu lo giudichi dicendogli che fa male a fumare perché mette in pericolo la sua salute. Fuma perché ha motivo di fumare. Tu puoi renderti disponibile ad aiutarlo se avrà voglia di smettere, nessuno gli impone di farlo, è libero di scegliere se fumare o non fumare, come hai fatto tu oggi.

Nel tuo cammino potranno capitarti altri imprevisti, lascia che il tuo cervello scopra da solo la miglior strategia per gestirli. Sii flessibile e sappi trovare il miglior modo per fronteggiare eventuali inconvenienti e mantenere la tua decisione di non fumare più. Perché sei un non fumatore ed hai fatto tanti esercizi che ti aiuteranno a mantenere e fortificare la tua determinazione nel dire NO al fumo.

E mentre ti dico tutte queste cose, le persone del pubblico che ti stanno guardando in realtà stanno anche loro facendo l'esercizio perché si immedesimano facilmente. Sono certo che da stasera nessuno di loro fumerà più perché hanno visto dei cambiamenti importanti in te e vorrebbero vederli anche in loro. Mi accorgo che già respiri in maniera diversa e sei più in salute di quanto non lo sei mai stato.

Quindi, mentre sei qui, seduto su questa sedia e senti la mia voce, ti stai per beccare un grande applauso mentre fai un bel sorriso. Dammi una testimonianza in diretta.

FRANCO. *E' bello. Sicuramente ho portato con me questo stato di relax e lo utilizzerò nelle situazioni che mi potranno capitare nel futuro. Quindi questa sensazione di nuova identità di non fumatore me la sono goduta e...*

GIACOMO. Ti piace...

FRANCO. *Sì, mi piace.*

GIACOMO. Va bene, Franco, grazie ancora!

****

Hai sentito, dalle parole del mio allievo, che questa nuova identità di non fumatore gli piace. E' normale che gli piaccia, perché è l'identità con cui è nato e della quale ora si è riappropriato liberandosi dalla schiavitù del fumo. Ti raccomando di essere creativo mentre fai questo esercizio, sia che tu lo faccia in coppia con un partner sia che tu lo faccia da solo.

Inventa, perché, in questa procedura, non trovi una serie di formule fisse da dover ripetere. Se lavori con un partner, inizia dicendogli qualcosa per farlo entrare in stato di relax: "Mentre sei qui, sei seduto su questa sedia e senti la mia voce, pensa ad una occasione in cui ti sei sentito molto rilassato".

Se leggi il mio libro, Seduzione, impari che esistono alcune domande, definite **rievocative** perché vanno a rievocare uno stato d'animo preciso. Se ti chiedo: "Ti è mai capitato, leggendo una guida, di sentirti soddisfatto ma che più soddisfatto non si può?" rievoco in te una sensazione di soddisfazione che può esserti utile.

Nel caso del mio allievo, era utile richiamare uno stato di rilassamento, perciò gli ho chiesto se gli era mai capitato di sentirsi totalmente rilassato. Nel momento in cui mi ha risposto di sì, il cervello lo ha riportato, in automatico a quella situazione e lui vi si è calato. Per aiutarlo, gli ho suggerito una serie di stati standard di relax che ognuno di noi vive quotidianamente: il momento prima di andare a dormire e quello del risveglio, in macchina mentre si percorre la solita strada già fatta mille volte.

SEGRETO n. 35: Se porti la persona a tornare ad un momento in cui si è sentita molto rilassata, il cervello la farà entrare in quello stato d'animo, è molto semplice.

Devi sapere che a me capita di sentirmi estremamente rilassato mentre guido, tanto che se ho una meta precisa e nota, spesso faccio il mio percorso senza pensare alla direzione da prendere di volta in volta. E' come se non fossi io a guidare ma inserissi un pilota automatico! Ho da poco cambiato casa, ma, le prime volte, invece di andare verso casa nuova, automaticamente, quasi fossi in trance, continuavo a dirigermi verso il vecchio indirizzo. Per evitare questo inconveniente, ad un certo punto mi sono detto: "Caro inconscio, adesso basta, devi dirmi di imboccare la giusta direzione!". Occorre, metaforicamente, "programmare" la mente a cambiare abitudine, e, per farlo, è sufficiente darsi delle suggestioni.

Quindi fai entrare la persona in uno stato di relax, poi dalle delle suggestioni: "Tu sei un non fumatore, sei convinto che la salute sia una cosa importante, guardati in situazioni in cui non fumi...". Sii molto generico, evita di dire: "Quando sei a casa, sul divano, non fumare", piuttosto dì: "In certe situazioni, in certi ambienti, guardati mentre non fumi...", devi essere vaghissimo.

E' un po' il linguaggio che usavano, e tuttora usano, gli astrologi o gli ipnotisti nelle loro sessioni. Anche il grande

Milton Erickson, uno dei più eccelsi ipnotisti del '900, modellato da Richard Bandler e John Grinder, lo utilizzava abitualmente.

Più sei vago e più la persona con cui parli tenderà a riempire, con la sua esperienza e con le immagini del suo vissuto, quello che stai dicendo. Se fossi troppo preciso, rischieresti di andare contro la sua esperienza effettiva. Rimani più possibile vago e fa che sia lui a riempire gli spazi vuoti con ciò che ritiene importante.

Infine, con il **ricalco sul futuro**, dai al tuo inconscio la sensazione che, incontrando una difficoltà, la affronterà senza paura perché avrà gli strumenti per farlo. Al mio allievo ho detto: "Userai la time line, l'allineamento e ciò che vuoi, e quando incontrerai qualcuno che ti vorrà tentare, gli dirai di no tranquillamente, senza pensare se sia giusta la tua posizione e sbagliata la sua o viceversa". In più gli ho dato una importante suggestione per affrontare il futuro dicendogli che certo saprà affrontare ciò che gli accadrà, più vago di così! In questo modo l'ho condizionato a cambiare la sua attuale abitudine ed a gestire tutte le situazioni possibili che potranno capitargli.

E' un esercizio che funziona benissimo, l'ho utilizzato diverse volte durante i miei corsi sugli stati di rilassamento ed anche nel coaching one to one per far smettere di fumare una persona, fornendogli suggestioni ma comunque lasciandogli la libertà di scegliere. Dico sempre: "Scegli tu se fumare o non fumare, perché la responsabilità è la tua. E se qualcuno ti chiede come sei riuscito a smettere è giusto che tu dica di esser stato tu a decidere di farlo, perché è tuo il merito e la responsabilità, nel bene e nel male", questo è davvero importante.

Nulla di meglio che provarlo. Segui semplicemente questi stadi e sii creativo. Datti un po' di suggestioni per cercare di cambiare un'abitudine che hai e che non ti piace che sia il fumo o altro.

SEGRETO n. 36: Con il ricalco sul futuro si "programma" la propria mente a cambiare un'abitudine dandosi delle

suggestioni.

Parti dal presupposto che puoi cambiare le tue abitudini, rilassarti non è che uno dei modi per farlo. Uno dei maestri in questo settore è certamente Richard Bandler che, tra i tanti, ha anche lavorato con persone che avevano necessità di dimagrire. Io ricordo di aver letto la trascrizione di una seduta che Bandler tenne con una sua cliente sovrappeso e che aiutò proprio grazie agli stati di rilassamento. Ebbene, è talmente precisa e dettagliata che anche solo a leggerla cadi in relax, assorbendo tutte le suggestioni che l'autore fornisce.

Per rilassare la sua cliente e, contemporaneamente, suggestionarla a mangiare il giusto, le diceva: "Mentre sei seduta e stai guardando il cibo che hai di fronte, immagina la sensazione del limite della sazietà, sai che non potresti mandar giù un boccone di più perché hai lo stomaco pieno. Ebbene, quando il tuo inconscio si rende conto che stai ingerendo troppo cibo, fai sì che ti scatti la sensazione di sazietà che ti fa smettere di mangiare".

Ma non si fermava qui, le dava altre suggestioni: "Stasera, tornando a casa, scegli di fare le scale piuttosto che prendere l'ascensore...", e così via. Lessi da cima a fondo la trascrizione, tornai a casa e, mentre stavo per prendere l'ascensore, venni fulminato dalla voce di Bandler che mi diceva: "...scegli di fare le scale piuttosto che prendere l'ascensore...", e non potei far altro che imboccare la rampa delle scale! Pensa a quale effetto aveva avuto su di me soltanto l'aver letto la trascrizione, immagino l'effetto dirompente che la seduta avrà avuto sulla cliente di Bandler!

Un altro caso su cui Bandler ha lavorato, riguardava una persona affetta da cleptomania, ovvero che aveva la mania di rubare tutto ciò che poteva. Andava nelle librerie, nei supermercati e non poteva fare a meno di mettersi qualcosa in tasca. A questa persona Bandler consigliò qualcosa di particolare e buffo: "Ogni volta che ti trovi in un negozio e vedi la tua mano tendere verso un oggetto per rubarlo, datti uno schiaffo". Schiaffi oggi e schiaffi domani, alla fine non ne poté più e smise di rubare. Ti consiglio di procurarti i libri di

Bandler, sia per approfondire un po' il tema della Programmazione Neuro-Linguistica e sia perché ha uno stile talmente ironico e divertente che sarà un piacere leggerli, in più ci sono tanti esempi pratici.

Un altro paziente di Bandler, tale Andy, era malato di schizofrenia. Da quattordici anni era in cura con i medici più preparati, ma tanta terapia non era valsa a nulla, continuava a dire di vedere personaggi irreali che a lui parevano concretissimi. Quando, tra lo scetticismo generale, si propose Bandler, Andy lo guardò con aria disgustata pensando: "Ma chi è questo? Chi lo conosce? Può riuscire lui dove sono falliti i più grandi medici del Paese? Non è che un pivello!". Incontrandolo, Bandler gli chiese: "Dimmi, cos'hai?", Andy rispose: "Ho un problema, vedo persone irreali". Bandler si accorse che, nel dirlo, guardava in una certa direzione e replicò: "Ah, ma che bella abitudine hai, vedi persone irreali! Per caso le vedi da questa parte?", ed indicò esattamente la direzione in cui Andy, parlando, aveva mosso gli occhi. Lui rimase sconvolto perché, per la prima volta, qualcuno aveva toccato un tasto particolare.

"Sì, come fai a saperlo?" "Eh, io so tutto!".

Bandler è talmente preciso e attento da studiare il movimento degli occhi di Andy e collegare il fatto che, parlando di questi personaggi irreali, abbia guardato in una certa direzione, al fatto che li abbia visti esattamente in quella direzione. In base alla sfocatura della pupilla era riuscito addirittura a capire a che distanza vedeva queste immagini, se ad un metro o a dieci metri, ed, infatti, disse: "Tu li vedi esattamente in questo punto, non è così?". Poi proseguì chiedendogli: "Tu dici che sono irreali, quindi sai che lo sono. Ma, mi chiedo, come fai a saperlo? Se davvero fossi schizofrenico non potresti arrivare a capirlo, altrimenti vuol dire che hai in te una strategia che ti permetterà di guarire".

Infine Bandler gli spiegò un metodo utile per aiutarsi nel fare una netta distinzione tra personaggi reali ed irreali. Gli consigliò di crearsi una prima "cornice" mentale per coloro che considerava reali ed una seconda per coloro che considerava irreali. Certo questo lo avrà aiutato ad operare una distinzione fra i due tipi.

Certo, questo è già un livello un po' più complesso per condizionarsi, gli stati di rilassamento funzionano ottimamente e sono assai più semplici da utilizzare. D'altronde te ne accorgerai provandolo su di te e dandoti suggestioni su come affrontare il futuro, rispondere agli imprevisti, ai problemi ed alle altrui obiezioni.

Ad esempio, se leggi il mio libro, Seduzione, troverai, nelle ultime pagine, alcuni consigli per affrontare le obiezioni che potrebbero farti. Voglio preparare i miei lettori a fronteggiare chi, ad esempio, potrebbe far loro rilevare che le strategie di seduzione tolgono spontaneità all'atteggiamento di chi le mette in atto. Nello stesso modo preparo il fumatore a rispondere nel momento in cui qualcuno lo tenterà offrendogli una sigaretta.

SEGRETO n. 37: Indurre a te stesso degli stati di relax è un modo semplice e molto efficace di condizionarti a dire finalmente NO al fumo.

Quando si cerca di indurre a qualcuno uno stato di relax si crea un'atmosfera molto particolare in quanto si lavora con l'inconscio. Qualcuno dei miei allievi mi ha chiesto se considerare l'inconscio come un alleato o un avversario nel momento in cui ci si danno delle suggestioni e ci si condiziona a fare o non fare qualcosa. L'inconscio, innanzitutto, non è qualcosa di concreto e tangibile. E' un modello, un modo di razionalizzare il nostro modo di fare ed agire.

Freud paragonò la nostra mente ad un iceberg del quale il 10% che emerge è la parte conscia ed il restante 90% sommerso è l'inconscio. Poi, sì, è un alleato, perché ci aiuta quando cerchiamo di condizionarci ad un certo modo di essere. La PNL, come sempre, non ci spiega il perché e non se lo chiede, sa che funziona e questo è più che sufficiente.

Ciò che è certo, perché è stato dimostrato dalla scienza, è che ognuno di noi può essere consapevole solo di poche informazioni alla volta. Si parla del magico numero 7, quindi più o meno un massimo di sette informazioni. Puoi essere attento, contemporaneamente, alla faccia di una persona che ti parla, a ciò che indica o che dice e poco altro.

Io, ad esempio, quando faccio lezione, sono inconsapevole di molti dei miei gesti. Non mi accorgo di camminare avanti ed indietro, né che ci siano delle telecamere quando il videocorso viene registrato. Nello stesso modo, tu sei consapevole di ciò che stai leggendo e di poche altre cose, ma non del fatto, ad esempio, che sei seduto su una sedia, della sensazione dei vestiti che hai indosso e così via.

Abbiamo un numero limitato di informazioni consce, tutte le altre sono inconsce. Per cui se parlo all'inconscio e gli do delle suggestioni chiedendogli di rispondere in un certo modo quando capiteranno certe cose, lo saprà fare automaticamente. Tu, oggi, sai guidare la macchina automaticamente ed inconsciamente, ma ricordi quando, a diciotto anni eri fresco di patente ed iniziavi a fare i primi tentativi di guidare da solo? Eri impacciato, dovevi ragionare per mettere in moto la macchina, per capire quando cambiare marcia e non potevi assolutamente sopportare di sentire musica o parlare attorno a te.

Ricordo, subito dopo aver preso la patente, di aver iniziato a guidare portando in macchina mio cugino. Lui mi chiedeva di aprire il finestrino ed io gli rispondevo che mai e poi mai avrei tolto le mani dal volante! Poi mi proponeva di accendere la radio, ed io gli imponevo di tacere. Anche in questo caso vale il principio per cui potevo essere attento solo a poche informazioni alla volta. L'importante è usarle al fine di darci suggestioni ed operare un ricalco sul futuro per cambiare le nostre abitudini.

RIEPILOGO DEL GIORNO 6:

- SEGRETO n. 33: Se decidi che le sigarette ti disgustano, non avrai più bisogno di surrogati per smettere.
- SEGRETO n. 34: Il ricalco sul futuro serve per fornirti una serie di suggestioni che ti aiuteranno a reagire con prontezza e flessibilità ad eventuali situazioni problematiche future.
- SEGRETO n. 35: Se porti la persona a tornare ad un momento in cui si è sentita molto rilassata, il cervello la farà entrare in quello stato d'animo, è molto semplice.
- SEGRETO n. 36: Con il ricalco sul futuro si "programma" la propria mente a cambiare un'abitudine dandosi delle suggestioni.
- SEGRETO n. 37: Indurre a te stesso degli stati di relax è un modo semplice e molto efficace di condizionarti a dire finalmente NO al fumo.

GIORNO 7: TECNICHE PRATICHE

C'è poi, in PNL, un'altra tecnica per cambiare, ancor più nello specifico, un'abitudine. Qualcosa di molto diretto, lo vedremo subito attraverso una nuova dimostrazione eseguita in aula.

****

GIACOMO. Quella che vedremo ora è definita **tecnica dello swish** ma, forse, ne avrai sentito parlare con il nome di tecnica della scozzata. Così, infatti, l'ha resa la Bompiani traducendo il testo di Anthony Robbins.

Molto meglio parlare di tecnica dello swish, anche perché c'è un motivo ben preciso per questo nome e tra poco lo conoscerai. Si tratta di una strategia di tipo visivo: prima di tutto creati un'immagine corrispondente ad un'abitudine che vuoi spezzare. Vedi la tua mano che prende una sigaretta e poi si avvicina al tuo volto. E' un gesto automatico, hai preso una sigaretta e stai per metterla in bocca. Guarda, in associato, l'immagine della tua mano che si avvicina. La vedi chiarissima?

GIUSEPPE. *Sì.*

GIACOMO. Ora, invece, creati un'immagine di te per come sei adesso, ovvero un non fumatore. La mano che si stava avvicinando alla bocca, quindi, ricade subito e ti dici: "Io sono un non fumatore e, quindi, butto via la sigaretta". Visualizza un'immagine molto chiara e dettagliata della tua mano che, dopo essersi avvicinata si allontana e butta via la sigaretta.

A questo punto hai due immagini, nella prima vedi la sigaretta che si sta avvicinando, come da abitudine, e, nella seconda, la nuova risposta che darai all'impulso di portarla alla bocca; non lo asseconderai, ma, al contrario, getterai la sigaretta.

Quindi come funziona lo swish? Prima di tutto visualizzi l'immagine negativa, ovvero la tua mano che si avvicina tenendo la sigaretta. Ora immagina di vederla allontanarsi sempre più fino a divenire un puntino piccolo e nero. Pian piano ti si avvicina una nuova immagine, quella di te che butti la sigaretta e non fumi più. Ti vedi? Sei tu che non fumi e butti la sigaretta dicendo il tuo NO al fumo.

Questa tecnica, però, perché funzioni, va svolta velocemente, e ripetuta molte volte. Quindi, come primo step, visualizza la tua mano che porta la sigaretta alla bocca, ma questa immagine si allontana velocemente e... swishhhhhhhh! Ecco giungere, altrettanto velocemente, una nuova immagine di te che butti via la sigaretta e non fumi più. Dopodiché il procedimento ricomincia da capo.

Ferma la tua mano per qualche istante per toglierti dallo stato e poi ricomincia. La tua mano va via e...swish! Torni tu che non fumi più. La tua mano arriva e...swish! Torni tu che non fumi più. Ancora una volta...swish! Eccoti che non fumi più, finalmente libero dal vizio. Questo è il motivo per cui si chiama swish, perché simula il rumore. La vecchia immagine si allontana e…swish! Si avvicina quella nuova, quella vecchia si allontana e…swish! Si avvicina quella nuova, quella vecchia si allontana e…swish! Si avvicina quella nuova.

Questo è ciò che devi avere bene in mente. E lascia, ora, che le parti conscia ed inconscia della tua mente ripetano questo esercizio cento volte in pochi secondi. Visualizza questo movimento di immagini e vedrai che ti porterà a cambiare definitivamente le abitudini malsane e limitanti.

Potrai fallire una prima, una seconda volta, ma vedrai che già alla terza occasione che sarai lì per cadere nell'abitudine, l'associazione che hai impostato tra il vedere la mano avvicinarsi alle tue labbra ed il farla cadere ti impedirà di cominciare a fumare. Ti verrà automatico buttarla via perché sei un non fumatore e finalmente sei in grado di dire NO al fumo senza ripensamenti.

Fallo cento volte, poi mille volte in pochi secondi e lascia che tutta stanotte il tuo cervello lo faccia in automatico, così che domattina la vecchia abitudine sia spezzata per sempre e sostituita dalla nuova che ti invoglierà a buttar giù la mano se mai prenderai ancora una sigaretta. Un applauso a Giuseppe!

****

Questa tecnica, come hai visto, è ancora più semplice, immediata e veloce delle altre, oltre che molto famosa, perché Anthony Robbins l'ha diffusa con i suoi libri. Come ti dicevo poco fa, il termine "swish" è stato mal tradotto, ma l'importante è la sostanza: la tecnica è efficace ed immediata.

Andiamo a ricapitolare le varie fasi della tecnica dello swish, ovvero lo **swish pattern**.

Immagine negativa in associato. Creati, in associato, ovvero come se la vedessi con i tuoi occhi, un'immagine negativa della brutta abitudine. Quindi, ad esempio, la tua mano che si avvicina tenendo la sigaretta. Guardala bene, vedila ben nitida, chiarissima, colorata e luminosa.

Immagine positiva in dissociato. Seconda fase, prendi un'immagine positiva in dissociato, ovvero vedi l'azione fatta da te ma dall'esterno. La mano si avvicina ma...via! Vedi te stesso gettare la sigaretta. Questo secondo passaggio ti dice ciò che vorresti fare ed essere, è molto importante.

Swish veloce per 10 volte. Dopo di che metti in atto il famoso scambio e ripetilo più volte abituando così il tuo cervello. Prendi l'immagine negativa, la allontani e...swish! Torna quella positiva in cui sei un non fumatore. Lo fai una, due, dieci, quindici volte e dai il comando, al tuo cervello, di farlo altre cento, mille volte in pochi secondi, in modo da rendere sempre più semplice e lineare la riposta allo stimolo.

SEGRETO n. 38: Lo swish pattern si compone di tre momenti: immagine negativa in associato, positiva in dissociato e swish veloce per 10 volte.

Anche in questo caso si tratta comunque di neuro-associazioni. L'abitudine è una pura associazione, tu sei abituato a prendere la sigaretta e metterla in bocca e, automaticamente, lo fai. Rompi questa associazione con l'aiuto della tecnica dello swish, più volte la ripeti e più facile sarà per te smettere di fumare.

Perché se la tua vecchia abitudine, per averla ripetuta mille volte, aveva creato delle saldissime neuro-associazioni, una sorta di grande strada, ora vuoi spezzarla e sostituirla con una del tutto nuova. Per cui prova una prima, una seconda, una terza, una decima volta e poi, mentalmente, altre cento volte fino a che non sarai riuscito a scardinare la vecchia abitudine e sostituirla con la nuova. Cosa succede? Che, alla fine, questo percorso sarà più forte del precedente, questa autostrada sarà maggiore di quella grande strada, cosicché avrai cancellato una vecchia abitudine sostituendola con una nuova.

SEGRETO n. 39: Aiutandoti con la tecnica dello swish, puoi riuscire a spezzare una vecchia abitudine negativa e sostituirla con una positiva.

Dello swish trovi diverse varianti, quella di cui ti ho parlato, per cui allontani e avvicini due diverse immagini, è la più semplice. A voler essere estremamente precisi, il movimento di ritorno dello swish, di cui parla Robbins nel suo libro, parte dall'angolo in basso. C'è uno scambio: la prima immagine, da grande che era, si rimpicciolisce e si allontana verso l'angolino. Dallo stesso angolino arriva la nuova che si ingrandisce fino a divenirti perfettamente visibile.

Visualizzare il processo in questo modo è semplice e rende più immediata l'idea dello swish. Richard Bandler in persona mi ha insegnato la tecnica in questo modo e quindi sono portato a pensare che sia la metodica il più efficace.

L'importante è tener presente lo schema. C'è una prima immagine, in associato, di te che avvicini alla bocca la mano che tiene la sigaretta. E' giusto che sia in associato perché tu, effettivamente, nella vita non ti vedi fumare. Da grande che era, questa immagine diviene piccolissima fino a scomparire nell'angolino e, subito dopo vedi apparire la seconda immagine, stavolta in dissociato, di te che butti giù il braccio ed allontani velocemente la sigaretta dalla tua bocca. Il dissociato ti serve per mantenere alta la motivazione, perché tu vuoi essere quel non fumatore che vedi, e vuoi esserlo il prima possibile perché non vedi l'ora di dire NO al fumo e tornar libero dalla schiavitù delle sigarette.

Più volte ripeti l'esercizio e più diventa reale, più la nuova immagine diviene vivida e più stai spezzando la vecchia abitudine per sostituirla con una nuova.

L'importante è fermare per qualche istante il movimento del proprio braccio tra uno swish e l'altro. Se fai continuamente avanti e indietro senza soluzione di continuità, crei un circolo vizioso senza fine: prima ti appare l'immagine brutta, poi quella bella e poi ritorna la brutta! E' ovvio che non va bene. L'immagine brutta va via e tu allontani la mano, arriva la bella e tu interrompi il circolo mettendo la mano in basso. Altrimenti crei una catena per cui dall'immagine brutta si va alla bella e poi ancora alla brutta e questo, come dicevamo, non va bene.

SEGRETO n. 40: Ferma per qualche istante il movimento del tuo braccio tra uno swish e l'altro, altrimenti crei un circolo vizioso senza fine!

C'è ancora qualcosa di interessante da dire. Mi è capitato di vedere un mio allievo fare lo swish in maniera sbagliata, facendo in dissociato il primo passaggio, negativo, ed in associato il secondo, positivo. Ebbene, era talmente convinto della buona riuscita dell'esercizio che gli è riuscito lo stesso! Ti dico questo per dimostrarti che spesso le convinzioni sono più forti delle abitudini e dei comportamenti. Se si è fermamente convinti che qualcosa funzioni, è certo che funzionerà. Ad ogni modo a te conviene far bene l'esercizio, diventa tutto più semplice e riesce sicuramente.

Fai questo esercizio per spezzare qualsiasi abitudine tu voglia. Ho sentito di persone che hanno usato questa tecnica per non mangiarsi più le unghie o per eliminare la rabbia o l'aggressività in alcune situazioni. Arriva la prima immagine in cui ci si mangiano le unghie o si è rabbiosi e poi...swish, ecco che arriva la seconda immagine in cui non si toccano più le unghie, che sono perfette, e si è del tutto rilassati. Puoi farlo per scardinare qualsiasi abitudine non ti piaccia.

Più volte attuerai questa tecnica, più l'immagine diverrà vera, effettiva e concreta. Prenditi alcuni minuti per pensare, con tutta calma, ad una brutta abitudine che non ti piace più e che vuoi cambiare. Visualizzala in associato, avvicinando la mano al tuo viso, dopodiché eliminala allontanando velocemente da te la tua mano che subito si riavvicinerà portando con sé la nuova immagine positiva, stavolta in dissociato, di come vorresti che fosse il tuo comportamento.

SEGRETO n. 41: Lascia che il tuo cervello seguiti a replicare la tecnica dello swish per il resto della giornata e per la prossima notte.

Ciò di cui stiamo parlando, in realtà, sembra chissà quale gioco, quale artificio. Parliamo di visualizzazioni, di swish: che roba è? Si tratta di strategie non inventate bensì *scoperte* dalla

Programmazione Neuro-Linguistica. La PNL non ha inventato nulla, Bandler e Grinder hanno estratto le strategie efficaci di persone che avevano superato da sole fobie, paure, ansie o, come in questo caso, l'idea di fumare e oggi vengono applicate in tutto il mondo ed aiutano milioni di persone.

Secondo alcuni libri di ipnosi, il fenomeno delle visualizzazioni si può avere solo in stato di trance profonda. Al contrario, a parere di Bandler, tutti noi siamo in grado di allucinare, di visualizzare concretamente senza indurci alcuno stato particolare e lo facciamo tutti i giorni più volte al giorno. Quante volte ci capita di sognare ad occhi aperti immaginando cose che non esistono?

Ad esempio, mia moglie ama l'architettura e vedendo anche solo la piantina di una casa, è in grado di visualizzare, senza problemi, il modo in cui potrebbe essere trasformata. Come fa? E' in trance? E' in ipnosi? No, è in grado di farlo perché la sua mente è in grado di farlo. Poi che lei lo sappia fare bene è un altro discorso. I bambini, nel giocare, si creano delle visualizzazioni. Poco tempo fa ho regalato un bambolotto di Batman al mio nipotino di tre anni. Ebbene, nel giocarci lui crede davvero di avere in mano Batman! E' pazzo? In ipnosi? In trance? No, è un bambino e sfrutta il suo cervello meglio di noi adulti che spesso nascondiamo le nostre doti migliori.

SEGRETO n. 42: Tutti siamo in grado di visualizzare ed allucinare situazioni che non esistono nella realtà senza per questo doverci indurre uno stato di ipnosi.

In noi abbiamo molteplici strumenti e strategie per poter risolvere i più vari problemi, quindi anche per smettere di fumare in tutta tranquillità. Ti renderai conto che, alla fine, smettere di fumare non è poi così drammatico come può sembrare, può far paura, ma solo finché non si hanno strumenti per superare le proprie paure. Allo stesso modo non impareresti a sciare da chi non sa farlo, ma da un bravo maestro che ti insegni le giuste tecniche per scendere con eleganza e senza rischi.

RIEPILOGO DEL GIORNO 7:

- SEGRETO n. 38: Lo swish pattern si compone di tre momenti: immagine negativa in associato, positiva in dissociato e swish veloce per 10 volte.
- SEGRETO n. 39: Aiutandoti con la tecnica dello swish, puoi riuscire a spezzare una vecchia abitudine negativa e sostituirla con una positiva.
- SEGRETO n. 40: Ferma per qualche istante il movimento del tuo braccio tra uno swish e l'altro, altrimenti crei un circolo vizioso senza fine!
- SEGRETO n. 41: Lascia che il tuo cervello seguiti a replicare la tecnica dello swish per il resto della giornata e per la prossima notte.
- SEGRETO n. 42: Tutti siamo in grado di visualizzare ed allucinare situazioni che non esistono nella realtà senza per questo doverci indurre uno stato di ipnosi.

CONCLUSIONE

Oggi abbiamo parlato dei tre pilastri per smettere di fumare, ovvero l'allineamento, le convinzioni e le abitudini. Essi, in realtà, nell'ambito del *metodo "No Fumo"* si integrano tra di loro. Infatti, all'interno del processo di allineamento, troviamo le convinzioni e le abitudini. Allinearsi significa essere coerenti in tutti i nostri livelli, voler smettere di fumare e dire il proprio NO al fumo prima di tutto a livello di identità e, di conseguenza, di comportamenti. Il problema è che la maggior parte delle persone si ferma ai comportamenti ed è per questo che fallisce.

Oggi hai appreso le efficaci e concrete strategie del *metodo "No Fumo"* per smettere di fumare e per soddisfare comunque i bisogni che si nascondono dietro la sigaretta ritrovando la tua libertà. Abbiamo visto che, volendo, puoi tornare nel tuo passato a cercare una risorsa che ti serve in un dato momento della tua vita, dalla sicurezza al rilassamento, e poi portarla nel tuo presente e proiettarla nel tuo futuro. In questo modo puoi soddisfare quel bisogno di sicurezza e rilassamento che fino ad oggi ti davano le sigarette e che da ora in poi, invece, raggiungerai in altro modo. L'importante è soddisfare i vantaggi secondari senza danni per la tua salute ed il tuo portafoglio!

Ancora, abbiamo lavorato sulle convinzioni, dalle quali discendono una serie di conseguenze. Se sei convinto che fumare sia dannoso, è una buona cosa, è una convinzione potenziante. Se, al contrario, pensi che smettere di fumare ti porterà alla rovina, questa è una convinzione assai limitante.

Fino a che non lavorerai sulle convinzioni non riuscirai a dire definitivamente NO al fumo. E' necessario salire tutti i gradini del modello dei livelli logici, allineare tutti i livelli e comportarsi coerentemente. Ovviamente, dopo aver fatto l'esercizio di allineamento, vedrai salire, nella tua scala di valori, la salute, perché, essendo un non fumatore, è ciò a cui tieni di più. Se fumi, tossisci perché cerchi di buttar fuori dal tuo corpo il veleno rappresentato dalla nicotina. Infatti il nostro organismo funziona bene, siamo noi che, a volte, lo abituiamo male. Il nostro spirito, la nostra missione, ciò che ci trascende va nella direzione di una lunga vita in salute e mille altre cose positive che possano esserci.

Dopo aver allineato, abbiamo lavorato sulle convinzioni che, come sai, nella maggior parte dei casi, non dipendono da nostre esperienze ma da quelle di altri o da dettami sociali e culturali. Infine abbiamo lavorato sui comportamenti per renderli congruenti con tutto il resto. Così se stasera, sovrappensiero, sarai lì per accenderti una sigaretta, non appena la tua mano si avvicinerà al viso…swish! Ecco che automaticamente cadrà giù facendotela gettare, e, in un lampo arriverà l'immagine positiva.

Aiutati, per spezzare ogni tua abitudine negativa, con tutte le strategie del *metodo "No Fumo"* che oggi abbiamo visto, ovvero con gli stati di rilassamento, facilissimi e molto divertenti da usare, le suggestioni, il ricalco sul futuro e lo swish, con cui puoi facilmente cambiare un'abitudine. Individua un obiettivo che vuoi raggiungere ed allinea i tuoi livelli, perché solo così sarai davvero leader di te stesso ed otterrai maggiore concretezza nel raggiungere i tuoi obiettivi.

L'obiettivo di oggi è quello di impegnarsi a smettere di fumare e, se lo vorranno, di aiutare gli altri a farlo. Diffondi queste idee, aiuta gli altri a capire che smettere di fumare è facile se si possiedono le giuste strategie e che dietro a qualsiasi dipendenza non c'è che una convinzione sbagliata.

Fammi il favore di non fumare più, e fammi sapere i risultati che raggiungerai utilizzando il *metodo "No Fumo"*. Metti in pratica, già da subito, le strategie apprese.

Buon lavoro!
Giacomo Bruno

I 42 SEGRETI DEL METODO "NO FUMO"

- SEGRETO n. 1: Facilita il tuo NO al fumo, aiutati imitando un tuo collega di lavoro o un tuo amico che ha già smesso di fumare.
- SEGRETO n. 2: Ora non hai più le motivazioni che avevi quando hai iniziato, quindi non ha più senso fumare: è ora di dire NO al fumo!
- SEGRETO n. 3: Se hai chiari i tuoi valori, conosci te stesso e le tue convinzioni, puoi evitare di faticare inutilmente cercando di ottenere ciò che già hai.
- SEGRETO n. 4: La nicotina è una droga a tutti gli effetti, ne basta una dose anche piccolissima, come quella contenuta in una sigaretta, per creare tossicodipendenza.
- SEGRETO n. 5: Con il *metodo "No Fumo"*, scegli la via più giusta da seguire prendendoti la responsabilità delle tue azioni.
- SEGRETO n. 6: Il *metodo "No Fumo"* ti aiuta a

condizionarti positivamente ed a liberarti dal vizio, starà a te lavorare su te stesso per mantenere il risultato per tutta la vita.

- SEGRETO n. 7: Le strategie del *metodo "No Fumo"* per smettere di fumare sono tre: allineamento, convinzioni e abitudini.
- SEGRETO n. 8: L'alternanza fra le due leve motivazionali piacere e dolore, aiuta a spezzare in tempi brevi e a lungo termine un'abitudine limitante.
- SEGRETO n. 9: Per scardinare un'abitudine malsana e sostituirla con una sana, associa dolore alla prima e piacere alla seconda.
- SEGRETO n. 10: Impara a rilassarti senza il fumo, fai venti bei respiri inalando ossigeno anziché veleno.
- SEGRETO n. 11: Fuma fino a che non senti di poter far tutto senza l'ausilio del fumo o, comunque, finché ne senti il bisogno.
- SEGRETO n. 12: Ciò che ti impedisce di dire NO al fumo sono i vantaggi secondari, ovvero le motivazioni che sabotano la tua volontà di smettere.

- SEGRETO n. 13: Per quanto tu possa essere accanito, la tua dipendenza da nicotina non è poi così forte, in fondo stai una intera notte senza fumare!
- SEGRETO n. 14: Fumando metti a disagio i tuoi amici non fumatori e a repentaglio la salute tua e dei tuoi cari.
- SEGRETO n. 15: Va bene lavorare sui tre livelli più bassi, ma prima di tutto devi modificare l'identità, altrimenti continuerai a sentirti fumatore.
- SEGRETO n. 16: Sei nato non fumatore, quindi è importante che tu mantenga l'identità di persona che tiene alla propria salute.
- SEGRETO n. 17: Se conosci una persona che ha cambiato una sua convinzione per acquisirne una migliore, modellala e cerca di ottenere il medesimo suo risultato.
- SEGRETO n. 18: Lavora sulla tua identità in modo positivo e gratificati per i successi ottenuti, è l'unica strada per ottenere cambiamenti in meglio definitivi.
- SEGRETO n. 19: Bastano poche suggestioni ben impostate perché un ancoraggio rimanga per tutta la vita.

- SEGRETO n. 20: Se pensi di dover soggiacere al fumo, scarichi da te stesso la responsabilità di fronteggiare il problema.
- SEGRETO n. 21: A questo punto possiedi le giuste strategie per non fumare più, sai come farlo e come resistere alle tentazioni.
- SEGRETO n. 22: Potrai ripetere il processo di allineamento ogni volta che ne sentirai il bisogno ed in qualunque situazione ti trovi.
- SEGRETO n. 23: Ripetere il processo è importante per rafforzare la tua determinazione, ma è fondamentale che ti prenda la responsabilità delle tue azioni.
- SEGRETO n. 24: Ricorda che quando c'è un cambiamento ai livelli più alti, il resto varia di conseguenza.
- SEGRETO n. 25: Avere una forte identità significa che se si è convinti di volere qualcosa, si cerca di ottenerla nonostante le difficoltà.
- SEGRETO n. 26: Cambiare qualcosa in te stesso è possibile e giusto, l'importante è che i tuoi comportamenti restino

allineati alle tue convinzioni ed identità.

- SEGRETO n. 27: Le convinzioni determinano ciò che siamo, che facciamo e come ci comportiamo, quindi ci condizionano a tutti i livelli.
- SEGRETO n. 28: In PNL non esistono convinzioni giuste o sbagliate, ma potenzianti o limitanti.
- SEGRETO n. 29: E' normale che le persone con cui vieni in contatto ti trasmettano le proprie convinzioni, l'importante è che tu trattenga solo le potenzianti e scacci le limitanti.
- SEGRETO n. 30: Non puoi cambiare i ricordi sgradevoli del tuo passato, puoi però cambiarne la percezione e non soffrirne più.
- SEGRETO n. 31: La time line ti permette di assaporare in anticipo il piacere della meta raggiunta e ti fa desiderare di conseguirla il più velocemente possibile.
- SEGRETO n. 32: Ognuno di noi deve sentirsi responsabile delle proprie scelte, solo così potrà dire definitivamente NO al fumo.
- SEGRETO n. 33: Se decidi che le sigarette ti disgustano, non

avrai più bisogno di surrogati per smettere.

- SEGRETO n. 34: Il ricalco sul futuro serve per fornirti una serie di suggestioni che ti aiuteranno a reagire con prontezza e flessibilità ad eventuali situazioni problematiche future.
- SEGRETO n. 35: Se porti la persona a tornare ad un momento in cui si è sentita molto rilassata, il cervello la farà entrare in quello stato d'animo, è molto semplice.
- SEGRETO n. 36: Con il ricalco sul futuro si "programma" la propria mente a cambiare un'abitudine dandosi delle suggestioni.
- SEGRETO n. 37: Indurre a te stesso degli stati di relax è un modo semplice e molto efficace di condizionarti a dire finalmente NO al fumo.
- SEGRETO n. 38: Lo swish pattern si compone di tre momenti: immagine negativa in associato, positiva in dissociato e swish veloce per 10 volte.
- SEGRETO n. 39: Aiutandoti con la tecnica dello swish, puoi riuscire a spezzare una vecchia abitudine negativa e sostituirla con una positiva.

- SEGRETO n. 40: Ferma per qualche istante il movimento del tuo braccio tra uno swish e l'altro, altrimenti crei un circolo vizioso senza fine!
- SEGRETO n. 41: Lascia che il tuo cervello seguiti a replicare la tecnica dello swish per il resto della giornata e per la prossima notte.
- SEGRETO n. 42: Tutti siamo in grado di visualizzare ed allucinare situazioni che non esistono nella realtà senza per questo doverci indurre uno stato di ipnosi.

www.ingramcontent.com/pod-product-compliance
Lightning Source LLC
Chambersburg PA
CBHW070442090426
42735CB00012B/2444